王瑞来 著

立心立命

宋代士大夫政治文化随笔

中华书局

图书在版编目(CIP)数据

立心立命:宋代士大夫政治文化随笔/王瑞来著. —北京:中华书局,2019.9(2021.5 重印)
ISBN 978-7-101-13989-1

Ⅰ.立… Ⅱ.王… Ⅲ.政治文化-中国-宋代-文集
Ⅳ.D691-53

中国版本图书馆 CIP 数据核字(2019)第 149510 号

书　　　名	立心立命——宋代士大夫政治文化随笔
著　　　者	王瑞来
责任编辑	常利辉
出版发行	中华书局
	(北京市丰台区太平桥西里38号　100073)
	http://www.zhbc.com.cn
	E-mail:zhbc@zhbc.com.cn
印　　　刷	北京市白帆印务有限公司
版　　　次	2019年9月北京第1版
	2021年5月北京第2次印刷
规　　　格	开本/880×1230毫米　1/32
	印张9½　插页2　字数160千字
印　　　数	3001-6000册
国际书号	ISBN 978-7-101-13989-1
定　　　价	42.00元

自　序

问苍茫大地，谁主沉浮？

俯瞰历史，在魏晋时代，是"王与马共天下"，贵族与皇帝共享权力。然而，当我们把目光下移，投向宋代，情形则全然不同，用宰相文彦博跟宋神宗讲的一句话来描述，就是"与士大夫治天下"。与皇帝共享权力的对象，成了士大夫。

作为拥有知识的官僚，士大夫由来尚矣。《周礼·考工记序》即云："坐而论道，谓之王公；作而行之，谓之士大夫。"不过历代的士大夫的确多是停留于对行政事务"作而行之"的层面，真正作为一个阶层成为政治主宰者，活跃于时代舞台之上，则是历史走入宋代才实现的。

隋唐以来,"春风得意马蹄疾,一日看尽长安花"的荣耀,经过几百年的浸润,成为一种崇文的潜流。这种潜流即使在武人跋扈的唐末五代也未曾中断,并且还逐渐显现出涌出地表的汹涌。伴随着北宋统一事业的基本完成,中央和地方急需管理人才的客观现实,促使太宗及其谋士决定大规模开科取士。于是,从创立以来几百年间不绝若线的涓涓细流终于蔚成汪洋。每科取士多达几百人乃至上千人,几十年的持续,从中央到地方,逐渐成为科举官僚的一统天下。其中的精英到第三代真宗朝,业已占据了政治的制高点。政策变更的偶然性呼应了历史的潜流,士大夫政治在北宋全面实现,成为历史的必然。

作为政治主宰的宋代士大夫,从先秦汲取思想资源,将错就错,把原指诸侯国国君的"君"与后世的皇帝等同,重新祭起"君臣以义和"的大旗,实现了与君主的权力共享。在战国时期,孟子就有了"民为贵,社稷次之,君为轻"的言说。而远比孟子所处的乱世宽松自由的宋代,士大夫更有勇气,石介就公开宣称:"吾勇过孟轲矣。"

"与士大夫治天下"的政治环境,极大地激发了宋代知识人的雄心壮志,他们的终极目的并不止于政治权力的共享。历史的使命感,让士大夫发出了"为天地立心,为生民立命,为往圣继绝学,为万世开太平"的时代强音。横渠四句张扬着天上地下唯我独尊般的绝大自信。在这几句话中，哪里有君主的影子在！这几句话依托的，正是士大夫阶层空前崛起、士大夫政治主宰一切的强势背景。"六经注我，我注六经"，六经不过是我的学说的注脚，六经要由我来阐释。这是发自内在的理论自信。"格物、致知、正心、诚意、修身、齐家、治国、平天下"，宋代士大夫重新发掘并强调的"儒学八条目"，从个人到家庭，从社会到国家，目标直指天下，实现了全覆盖。士大夫政治让华夏文化造极于赵宋，放射出前所未有的璀璨光芒。

在这样的大氛围之下，无论是在朝还是在野，知识人都洋溢着无比的自信。你看，北宋的柳永吟出"才子词人，自是白衣卿相"，南宋的朱敦儒更是高傲地扬言："我是清都山水郎，天教懒慢带疏狂。曾批给露支风敕，累奏留云借月章。 诗万首，酒千觞，几曾着眼看侯王。玉楼金阙慵归去，且插梅花醉洛阳。"宋代知识人的自信与风骨，无疑也作为一种精神基因遗传给了后世的士人。在元代成为大文人的宋太祖十一世孙赵孟頫也曾写下："渺渺烟波一叶舟，西风木落五湖秋。盟鸥鹭，傲王侯，管甚鲈鱼不上钩！"

有人以宋代皇帝取消了"坐而论道"为例，来证明宋代士大夫地位的低下，但我们从更多的事实可以观察到，南面为王的君主也要北面而问，与士大夫"迭为宾主"。君主成为士大夫政治的合作者。理学以及后来张大的道学，为士大夫政治提供了强有力的理论支撑。"道理最大"，君主的头上，除了天，又多了理。相较于现代西方社会常见的以法律和舆论制衡政治，士大夫政治文化强调以道统制衡政统，这是来自中国传统社会的宋代士大夫留给今天的一份宝贵的思想遗产。费尔南·布罗代尔如是说："过去和现在总是互惠地照亮对方。"宋代发轫的士大夫政治文化的光芒也一直照亮着过去与现在。士大夫政治文化不仅显赫一时，且传诸久远。

我们观察"士大夫"三个字的字形，每个字都出头，但名副其实的真正出头则是在宋代。那一代知识人在几百年间建构的理论，实践的政治，陶铸的自尊与自信，像基因一样根植于中国知识人的内心深处。尽管没有了"坐而论道"，但从那时起，中国的知识人在精神上便不再跪下。在西方，历来有"精神货币"这个概念。马克思就有过"逻辑学是精神的货币"的说法，而美国当代修辞学家肯尼斯·伯克则丰富了"精神货币"（spiritual currency）的概念内涵。他所说的精神货币是指基于同理心、目的、信仰，经过自身储备，在基因传承力强大的文化人之间，或者在亲密的朋友之间流通的媒介，并且体现为不同代际知识人之间在学脉上的传承。两宋三百多年，知识人打造的士大夫政治文化正是这样一种精神货币。"尔曹身与名俱灭，不废江河万古流。"当年的人物与事件，无论是显赫还是震撼，都已竹帛烟销，然而士大夫政治文化，却如不废江河，一直作为中国文化的主流绵绵不绝，奔腾至今，涌向未来。

士大夫政治，是我从中国古代传统政治研究，特别是从皇权研究中，逐渐归纳出的一个关键词。士大夫政治并不仅仅体现在中央政治的层面，主动脉的强力脉动也让士大夫政治文化渗入到社会末端的毛细血管中。科举不仅带来了一定的社会流动，更带动了全社会的向学与文化兴盛。以科举官僚为主形成的新士族，成为社会的主导因素。互为因果的印刷业繁荣，从南宋时在江南特殊场域发轫的宋元社会转型，到明清延及近代的乡绅社会，都有士大夫政治的因素存在。当然，士大夫和士大夫政治，皆有主流与支流。士大夫中也不乏无耻者，士大夫政治也有极致变质的权相独裁。

士大夫政治与宋元变革，是我多年从事历史研究的互为关联的两大主题。而有计划的文献整理校勘，则是我从事上述研究的技术支撑。挥之不去的基本问题意识，使我对接触到的一些史料比较敏感，有了自己的解读。大约在十年前，一个偶然的契机下，我在新浪网开辟了一个博客，一方属于自己的部落格。在自媒体时代，我改变了发表的认识，把一些读书札记和研究思考贴在这个小小的学术园地中，权当发表。当然，其中的部分文字也曾被一些纸质报刊或网络媒体采用过。

　　本书汇集了与士大夫政治主题相关的随笔短文四十余篇。关于士大夫政治，我在日文版《宋代的皇帝权力与士大夫政治》（日本汲古书院，2001年）和中文版《宰相故事：士大夫政治下的权力场》（中华书局，2010年）中，有比较完整的阐述。相较以前聚焦于真宗朝的士大夫政治研究，本书论及的时代集中于五代与宋，篇幅虽小，但涉及领域广泛，案例多样，构成士大夫政治较为完整的面相。流逝的历史成为过去，凝固为一种遥远的物件，供后人审视、把玩或研究。历史的真实，往往可望而不可即，只能通过多维多面去接近。本书由不同文献、不同人与事、不同视角构成了士大夫政治文化的多维多面，试图接近那一时代的真实。用较为轻松的笔触，通过各种不同的案例，带领读者对宋代肇始的士大夫政治获得一个基本的了解。期待这些片断式的随笔能够抛砖引玉，引发读者更为深入的思考。

　　考察历史，诉说历史认识，不是以通常正规的长篇大论，而是以短小活泼的随笔形式表达，从接受学的角度，也有我的考量。一是有别于严肃且有些枯燥的学术论文，想以轻松可读的形式把自己的研究与思考传达给受众。二是想通过这种形式，让学术在一定程度上走出象牙塔，让更多的爱好者也能触摸到历史的时代脉动。平时的博客写作，此次的汇集成书，都有这一意图在。

　　"立心立命"，是从横渠四句内的"为天地立心，为生民立命"中抽出的。以此作为书名，既是力图体现宋代知识人的思想境界，也是我的一个精神追求。在历史中立心，在学术中立命，为一个时代可歌可泣的人与事写照传神，把一个有故事的森林呈现出来，留给当世和后人镜鉴启迪或把玩赏味。作为一个学者，在漫长的精神传承接力中跑上微不足道的一程，为人类浩瀚的文化沧海增添一粟，也是使命感使然。

　　较之鸿篇巨制的学术大餐，本书不过是清粥小菜，希望诸君读后可以开胃，而不至于太倒胃口。

　　零零星星写下不少读书札记，感谢中华书局上海聚珍原主事余佐赞先生热诚约稿，感谢贾雪飞女士建议将随笔篇目选择集中在士大夫政治的主题之下，更感谢常利辉博士的认真审读。对于这盘小菜，我只是提供了素材，是她们的劳作将其呈现在读者面前。

　　　　　　　时值令和改元，五四百年，瑞来识于日本千叶寓所

目　录

辑三

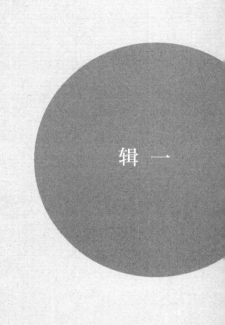

辑一

见迹与见心

前些年，葛剑雄先生曾依据其师之说，写过一篇为冯道辩诬的文章，似乎相当有影响。对于剑雄先生之说，吾深心许。最近读到宋人的一段有关论述，在这里摘出。余虽不敏，亦聊为剑雄先生赞一辞。

宋人吴处厚《青箱杂记》卷二载：

> 世讥道依阿诡随，事四朝十一帝，不能死节。而余尝采道所言与其所行，参相考质，则道未尝依阿诡随。其所以免于乱世，盖天幸耳。石晋之末，与虏结衅，惧无敢奉使者。少主批令宰相选人，道即批奏："臣道自去。"举朝失色，皆以谓堕于虎口，而道竟生还。又彭门卒以道为卖己，欲兵之。湘阴公曰："不干此老子事。"中亦获免。初，郭威遣道迓湘

阴，道语威曰："不知此事由中否？道平生不曾妄语，莫遣道
为妄语人。"及周世宗欲收河东，自谓此行若太山压卵，道
曰："不知陛下作得山否？"凡此，皆推诚任直，委命而行。
即未尝有所顾避依阿也。又虏主尝问道："万姓纷纷，何人救
得？"而道发一言以对，不啻活生灵百万。盖俗人徒见道之
迹，不知道之心。道迹浊心清，岂世俗所知耶？余尝与富文
忠公论道之为人，文忠曰："此孟子所谓大人也。"

冯道身处五代乱世，事四朝十一帝，被后人指为文人无节之
尤。不过，正如克罗齐所言，"一切历史都是当代史"。后人批
评冯道，是以后人的价值观，站在自身所处的时代，甚至是出于
某种意图，进行的道德评价，并非来自冯道所处的彼时彼地的观
察。因此，这种评价是一种变形的远视。

五代十国，在一定程度上说，是春秋战国时代的重演。在这
个乱世，正统业已消失。士之事君，亦如春秋战国时期的士游走
于列国。合则留，不合则去，"道不行，乘桴浮于海"，并无道义
承诺，亦乏道德臧否。所以，用大一统时代的道德准则来绳墨冯
道，实在有些与实际脱节，对冯道不公。

宋人吴处厚没有讲什么大道理，只是举出一些具体的事实，
指出在当时士大夫生存环境极为困难的境地之下，冯道也有原

则，有坚持，并非如后人所指责的那样，一味"依阿诡随"。

观察冯道的评价史，葛剑雄先生也指出了这样的事实，即宋初对冯道的评价还是较为宽容的，基本予以正面的评价，到了欧阳修的《新五代史》，对冯道的评价才彻底逆转，转向完全否定。

欧阳修所处，有欧阳修的时代背景。

从太宗朝开始的大规模开科取士，再加上时光流逝，到第三代真宗朝，士大夫政治开始形成。然而，在真宗朝，政治整备与制度建设是首要任务，还未遑精神建设。进入仁宗朝，以范仲淹、欧阳修为主，大规模的精神建设拉开帷幕。《宋史》卷四四六《忠义传序》指出：

> 士大夫忠义之气，至于五季，变化殆尽。宋之初兴，范质、王溥犹有余憾，况其他哉！艺祖首褒韩通，次表卫融，足示意向。厥后西北疆场之臣，勇于死敌，往往无惧。真、仁之世，田锡、王禹偁、范仲淹、欧阳修、唐介诸贤，以直言谠论倡于朝。于是，中外搢绅，知以名节相高，廉耻相尚，尽去五季之陋矣。

精神建设的一个重要内容就是道德重建。

　　唐末五代时期，由于政权转换频繁，士大夫往往转仕几朝。宋朝禅代后周，后周一批士大夫成为宋臣。在宋初的几十年中，"贰臣"满布朝廷。因此，当时对所谓的"贰臣"，在舆论上也没有什么非议。当时道德评价宽容的舆论导向，自有其存在的合理因素。

　　从宋初到真宗时期，在统治层，道家的"无为"思想占了主导地位。这与当时为了安定政局，维持国家机器的正常运转有关，从中央到地方，宋王朝也不得不接受和使用前朝以及过去割据政权的官吏。

　　然而，时光过去了几十年，随着政局的安定，作为朝廷，已经没有必要继续提倡道家的无为之治了。因此，在道德上对所谓的"贰臣"的评价，也发生了变化，否定性的批判成为风潮。范仲淹等人痛感五代以来士风浇薄，道德沦丧，而以身作则，振作士风，砥砺士大夫名节。范仲淹以道家批判为中心大声疾呼的爱名论，就是在这样的背景下产生的。它代表了当时的新思潮。在《宋史·忠义传序》中名列于范仲淹之前的王禹偁，在太宗时代，关于名教，就已经提出了与范仲淹几乎相同的主张。不过，对五代十国人物全面进行人格甄别与道德清算的，则是欧阳修编纂的《新五代史》。

因此，可以说，对冯道评价的逆转，完全是出于适应当时道德重建的需要，而冯道这个历仕四朝十一君的"长乐老"，便成为绝好的靶子。

范仲淹、欧阳修等人道德重建的努力是成功的。朱熹就曾指出："范文正公作成忠义之风。本朝范质，人谓其好宰相，只是欠为世宗一死耳。如范质之徒却最敬冯道辈，虽苏子由议论亦未免此。宋朝忠义之风，却是自范文正作成起来也。"（《范文正公褒贤集》卷五）

然而，成功只是就道德重建而言，对冯道的评价，则戴上了后现代的有色眼镜，蒙上了太多的道德色彩，而与身处彼时彼地的冯道本色产生了相当大的距离。

具体说到冯道，通过对具体事实的分析，吴处厚评价冯道"迹浊心清"。迹浊者，历仕四朝十一君，与契丹应酬。心清者，在乱世中，手无缚鸡之力的一介书生，尽自己可能，做了大量有益于国计民生的善事。吴处厚在《青箱杂记》的另一处引述了几首冯道的诗，其实很能表明冯道当时的心境。

其一云：

穷达皆由命，何劳发叹声。但知行好事，莫要问前程。

冬去冰须泮，春来草自生。请君观此理，天道甚分明。

其二云：

莫为危时便怆神，前程往往有期因。

须知海岳归明主，未省乾坤陷吉人。

道德几时曾去世，舟车何处不通津。

但教方寸无诸恶，狼虎丛中也立身。

　　吴处厚评价冯道的诗"虽浅近而多谙理"。"诗言志"，从这两首诗中，我们可以看到，身处乱世的冯道，不仅有着"春来草自生""天道甚分明"的乐天达观，还认为道德自在人心，"道德几时曾去世，舟车何处不通津"。有了这样的信念，冯道在随时都有可能身首异处的险恶环境下，依然尽其所能，"但知行好事，莫要问前程"。也正是有了这样的信念，冯道才"但教方寸无诸恶，狼虎丛中也立身"，保持冰心无恶，在狼虎丛中周旋，保民护国。冯道，实属不易。

　　吴处厚曾与范仲淹、欧阳修的好友富弼讨论过冯道的人格。很意外，经历了道德重建运动的富弼，对冯道做出了完全不同于当时主流认识的评价。这一点，极为值得注意。富弼说冯道，

"此孟子所谓大人也"。

孟子是如何论述"大人"的呢？在《孟子·离娄》中，可以看到如下有关言论：

孟子曰："非礼之礼，非义之义，大人弗为。"
孟子曰："大人者，言不必信，行不必果，唯义所在。"
孟子曰："大人者，不失其赤子之心者也。"

冯道乐天达观，可谓不失赤子之心。他恪守内心原则，"但教方寸无诸恶"，可谓所行真礼义。重要的是，冯道为了真正的道义，放弃了表层的道德原则，甚至是宁可被人误解，"言不必信，行不必果，唯义所在"。为了这个"义"字，一切无所谓，哪怕世人有再多误解，内心自问无愧。这是君子在乱世的处世之道。富弼对冯道的评价，可谓高到不能再高。富弼这种评价，没有现实的考量，直透冯道的心迹，在众口一词的道德喧嚣之中，显得难能可贵。富弼诚为"长乐老"的隔世知音。

针对冯道评价，吴处厚的见解很具启发意义。他说："俗人徒见道之迹，不知道之心。"就是说，一般人仅仅看到了冯道历仕四朝十一君的表象，并未像吴处厚那样，通过对具体事实的考察，来透视冯道之心迹，因此，对冯道产生了误读。

古人讲究"心迹之判"。朱熹编纂的《二程遗书》卷一九引述文中子的话说："（魏）徵所问者，迹也；吾告汝者，心也。"考察历史人物，学者须有放射线般的透视目光，不然便如俗人，只能见迹，难以见心。

对历史人物的考察，还应当像吴处厚那样，对具体事实条分缕析，既不能惑于旧有的评价，也不能停留于表层的事实。真实有两种，犹如绘画的形似与神似。追求形似，表面看上去与事实无违，其实并没有触及事物的本质。追求神似，探索逻辑的真实，则庶几近真。此正为透过现象看本质之谓也。

"顾才何如尔"

《隆平集》卷四《魏仁浦传》载：

> 世宗即位，差枢密副使，升使。继命兼相，对曰："不由科第进。"曰："顾才何如尔。"

五代后周世宗任命担任枢密使的魏仁浦兼任宰相，魏仁浦推辞说，我不是科举出身。这是《隆平集》的记载。《宋史》卷二九四《魏仁浦传》则记载为"世宗欲命仁浦为相，议者以其不由科第"，说的是对于周世宗这项任命的舆论反弹。

无论是魏仁浦的推辞，还是舆论微词，都反映了一种观念，即担任文官宰相须是科举及第出身。"春风得意马蹄疾，一日看尽长安花。"隋代肇兴的科举，历唐近三百年间，不仅进士出身使士人荣耀至极，还由官僚高层的任用开始，逐渐形成类如今天的学历社会。这种观念在武人跋扈的五代，像是潜流一样，不但未曾中断，并且愈发强固。到了士大夫政治成为主宰的宋代，要想成为高官，没有科举这张文凭，就更是希望渺茫了。都说宋代重文轻武，不过，崇文之渐，居然是兴于战乱的时代。而五代乱象之下的重文，又是来自唐代的长期社会风气之积淀。有时，一个社会的风气，并不为政治的变动所左右，潜流一直依其本来的路向顽强地流淌。

在这样的风气之下，周世宗任命一个没有学历的人担任宰相，可以说是破格的，所以也要承受舆论的压力。不过，周世宗解释的理由也很有力：顾才何如尔。意即有没有学历不要紧，关键要看有没有才能。

那么，这个魏仁浦是什么履历，又有什么才能呢？《隆平集·魏仁浦传》载："少为刀笔吏，隶枢密院。""刀笔吏"就是从事文秘工作的事务员。这样的经历，使魏仁浦精通业务，特别是对数字很熟悉。担任后汉枢密使的周太祖问他"中原卒乘数"（《宋史》本传记作"问阙下兵数"），魏仁浦张口便答，"带甲者六万"。周太祖即位后，"复问郡邑屯兵数"，"仁浦详对，按籍无差"。魏仁浦回答的数字，后来经过核对，与实际数量完全一样。

仅仅精通业务，也只是个俗吏。魏仁浦在为人上超出吏表，还是个忠厚长者。《隆平集·魏仁浦传》载："有郑元昭，诬仁浦妇翁李温玉之子从李守贞叛，捕以告变，欲中伤仁浦。周祖力辨其诬，获免。及仁浦大用，元昭惧，卒以元昭继典五郡。"内举不避亲相对容易，外举不避仇是要有相当大度量的。这个诬陷自己的妻舅是叛臣的同伙，又险些伤及他自身的人，魏仁浦后来居然也能长期重用。

《隆平集·魏仁浦传》还记载一例："又尝为贾延徽谮，几遇害。总师出征，有得延徽以献者。仁浦曰：'因兵戈报私怨，不忍为也。'"这个贾延徽是魏仁浦在后汉朝的同僚，几乎把他陷害致死。当汉周更替之际，魏仁浦率兵进入汴京，有人抓住贾延徽，交给他处置，魏仁浦却拒绝在此时公报私仇。

魏仁浦还很有人性关怀，重视生命。这也见于《隆平集·魏仁浦传》记载："世宗卞急，轻杀戮，仁浦营救而免者十常七八。从出征，锋镝之下，无横死者。"

由上述《隆平集·魏仁浦传》的记载可见，魏仁浦实在是德才兼备。

周世宗不唯学历，能力至上，抓住了任用官员的关键。自然，魏仁浦的人品与声望无疑也是被任用的重要因素。后来入宋，魏仁浦成为宋初三相之一，宜也。

说罗隐

为何忽然想到要说罗隐呢？

还是缘于写了《"顾才如何尔"》一文。文中讲到自唐历五代的社会崇文之风。这种风气，在罗隐身上也有体现。

罗隐生当晚唐五代。从二十多岁，到四十五岁，科举应试，一连考了十次，回回名落孙山，但一直锲而不舍，执着应试，非要取个功名不可。这一点反映了社会影响，流风所及。

屡屡落第，有罗隐自身的原因。唐代的科举考试，在制度上没有后来宋代那么严密规范，没有糊名、誊录等防止舞弊的做法。进士登第，不光靠应试时显示的文才，还主要靠有名望和势力的公卿揄扬推荐。但据《五代史补》讲"罗隐在科场，恃才傲物，尤为公卿所恶"。太高傲，没人喜欢他，自然被黜落。

罗隐屡败屡战，除了流风所及，也是不服气，因此陷入怪圈，难以自拔。

后来，两个人点拨了罗隐。

一个是跟罗隐同姓的老道士。他对多次落第的罗隐说："吾子之于一第也，贫道观之，虽首冠群英，亦不过簿尉尔。若能罢举，东归霸国以求用，则必富且贵矣。两途，吾子宜自择之。"老道士是说，你即使进士及第，得到的也不过是县尉或主簿这样的小官。但如果是回到已经处于割据政权之下的家乡，那就可以荣华富贵了。是考是归，这两条道你自己选吧。

对于老道士指点迷津的这些话，罗隐一时还不能接受，或者说他还不甘心。《五代史补》记载了他听了这些话的反应："懵然不知所措者数日。"这一记载披露出罗隐内心的矛盾与斗争。

罗隐的内心烦恼写在脸上，让一个卖饭的邻居老太太看到了。"邻居有卖饭媪见隐，惊曰：'何辞色之沮丧如此，莫有不决之事否？'隐谓知之，因尽以尊师之言告之。媪叹曰：'秀才何自迷甚焉，且天下皆知罗隐，何须一第然后为得哉？不如急取富贵，则老婆之愿也。'"

老媪一言破迷障。连考十次的罗隐，终于在五十五岁之时，怀着绝望与不甘，放弃功名，回到家乡，成为钱镠的幕僚。

成为幕僚也有曲折，罗隐在费用困窘时去拜谒邺王罗绍威，拜见之前写去一封信，称同姓的邺王为侄。这让邺王的手下大为光火，说："罗隐一布衣耳，而侄视大王，其可乎？"就是说，他不过是个平头百姓，怎么能叫大王您侄子呢？这个罗绍威倒是礼贤下士，答道："罗隐名振天下，王公大夫多为所薄。今惠然肯顾，其何以胜？得在侄行，为幸多矣，敢不致恭，诸公慎勿言。"

接着，《五代史补》记载了后来的情形："于是拥旆郊迎，一见即拜，隐亦不让。及将行，绍威赠以百万，他物称是，仍致书于镠谓叔父，镠首用之。"

这段记载，也看出罗隐的高傲。盘踞一方的魏博大王远远地拉出仪仗队来迎接，见面便跪，施以晚辈之礼，而罗隐则坦然受之。临走，还获得百万馈赠。

士人的气节与傲骨，也在于岁月的养育。罗隐身上，有着李太白让高力士脱靴的遗风。

从卖饭的老太婆说"天下皆知罗隐"，到邺王罗绍威说"罗隐名振天下"，可知罗隐享誉当世。

由于享誉当世，罗隐还曾被人暗恋，差点成就一桩姻缘。《旧五代史》卷二四《罗隐传》载：

> 罗隐，余杭人。诗名于天下，尤长于咏史，然多所讥讽，以故不中第。大为唐宰相郑畋、李蔚所知。隐虽负文称，然貌古而陋。畋女幼有文性，尝览隐诗卷，讽诵不已。畋疑其女有慕才之意。一日隐至第，郑女垂帘而窥之，自是绝不咏其诗。

这段记载也饶有趣味。一个相门妙龄少女，读到罗隐的诗卷，心生爱意，每天朗诵个不停。当宰相的父亲就想为女儿牵线搭桥，把罗隐叫到家里。岂不知名与实不相符，才与貌不相应，看到长相丑陋的罗隐之后，少女的五彩肥皂泡破灭，从此绝口不吟罗隐诗，一段姻缘中止于暗恋。

从心理学的角度分析，罗隐之傲，不仅恃才，可能还出于貌丑之逆反。

罗隐名满天下，其诗不仅少女吟诵，也播在一般人口。《隆平集》卷一二《孟昶传》载:"(王)昭远,成都人。少贫为僧童,知祥因饭僧,昭远从至。知祥见而留以给事昶。昶立,擢知枢密院兼节度使。王师入境,昶命总兵拒战。昭远攘臂曰:'是行也,岂止克敌,当定中原矣。'执铁如意指挥军事,自比诸葛亮。及败,昭远窜匿东川民舍,犹诵罗隐'运失英雄不自由'之句,遂为追兵所执,人皆笑之。"

罗隐的这首诗见于《罗昭谏集》卷三,题为《筹笔驿》。全诗如下:

> 抛掷南阳为主忧,北征东讨尽良筹。
> 时来天地虽同力,运去英雄不自由。
> 千里山河轻孺子,两朝冠剑恨谯周。
> 唯余岩下多情水,犹解年年傍驿流。

深至闺中,远及巴蜀,罗隐之诗,播在人口,广为流传。这是在印刷术还未普及的时代。近年,宋代的信息传递受到重视,从文学作品的流传中,似亦可得到一些启示。

崇文之渐

众所周知，宋代重文轻武。从决策到执行，再到蔚成风气，需要时间。那么，宋代重文轻武的风气是何时成为观念，又根植于人心的呢？似乎还无人细究。

读《宋史》卷二六四《沈伦传》，对此略有所窥。

沈伦，原名沈义伦，避太宗讳，省"义"字，单字名伦。此人为太祖随龙旧僚，在太祖、太宗两朝皇帝之际，担任宰相达七八年，雍熙四年（987）去世。

事情发生在沈伦去世之后。作为高官，去世之后，例当赐谥。有关部门拟定谥号为"恭惠"。看到这个谥号，沈伦的儿子不干了。他上奏皇帝说：

亡父始从冠岁，即事儒业，未遑从贼，遽赴宾招。叨遇明时，陟于相位。伏见国朝故相，薛居正谥文惠，王溥谥文献，此虽近制，实为典常。若以臣父起家不由文学，即尝历集贤、修史之职，伏请改谥曰文。

沈伦儿子的要求被主持拟谥的有关部门官员反驳回去。判太常礼仪院赵昂和判考功张洎联名上奏说，"恭惠"的谥号已经是美谥了，而根据谥法，谥为"文"是有许多条件的。以前有不符合条件，被皇帝特赐为"文"的，"诚非至公"。另外，如果都允许大臣子孙来提出要求，还要我们这些专职部门干什么，这也失去扬善惩恶的意义了。至于沈伦的儿子拿薛居正、王溥来攀比，他们"皆奋迹辞场，历典诰命，以文为谥，允合国章"，而沈伦担任的"集贤、国史皆宰相兼领之任，非必由文雅而登"。

由于反驳得有理有力，太宗只好"从之"，维持原议"恭惠"的谥号。

有关部门坚持不改的具体理由，是说虽然沈伦担任过集贤殿大学士和监修国史，但这只不过是宰相的兼职，跟文雅与否无关。从这一具体理由来看，尽管谥法中"道德博闻曰文，忠信接礼曰文，宽不慢、廉不刿曰文，坚强不暴曰文，敏而好学、不耻下问曰文，德美才秀曰文，修治班制曰文"，但终究还要接近"文雅"之意。沈伦与此不沾边，所以有关部门坚持不给这个"文"字。

对于有关部门坚持不给的理由，值得深思。孔子修订《春秋》，旨在"使乱臣贼子惧"。降至后世，伴随制度臻于完善，扬善惩恶的方式更加多样，赐谥也是一种历史评价。所以有关部门坚持原则，不让"曲台、考功之司为虚器，而彰善瘅恶之义微"。

那么，站在沈伦儿子的立场上考量，他为什么非要争这个"文"字的谥号呢？归根到底还是崇文之风的浸染。

时为雍熙四年。是时，太宗大规模开科取士的政策已经开始了七八年，文人的地位开始大幅攀升。这是现实因素的影响。

而作为深远的历史背景，在武人跋扈的五代乱象之下，尊崇文人的风气依然存延。

这种风气所形成的观念，也同样根植于宋朝开国者的头脑中。所以，太祖看到赵普接受吴越王钱俶的馈金，居然说了句"受之无妨，彼谓国家事皆由汝书生尔"，表示理解与宽容；所以，太祖会感慨地说出"宰相须用读书人"；所以，太宗更是说出了"学士之职，清要贵重，非他官可比，朕常恨不得为之"这样钦羡无比的话。

　　长期积淀的观念，与抑武削藩的政治需要合流，便构成了王朝的政治导向。这种政治导向，又进一步使得全社会崇文之风愈刮愈盛。

　　正因为如此，沈伦的儿子才非要"文"这个倍感荣耀的谥号。由此可见，在多种因素的作用下，崇文之风已深入人心。

"群书一万卷，博涉供务隙"

"读书破万卷，下笔如有神。"老杜在《奉赠韦左丞丈二十二韵》中写下的诗句，不仅千载熟诵于口，而且成为读书人的信条。

吴文《补注杜诗跋》云："山谷尝谓，老杜作诗，无一字无来处。第恨后人读书少，不足以知之。"这也是间接肯定杜甫读书万卷的说法。南宋人则直接说："工部胸中凡几国子监。"这更是夸张地说老杜的心里装着相当于好几个国子监的藏书。

老杜博学，让宋人望而生畏，甚至说出这样的话来："不行一万里，不读万卷书，不可以观杜诗。"杜甫博览群书，知识渊博，诚非虚语，然而，是不是真的就记住了万卷书的内容，则难以确证。不过，坐拥万卷书，倒无疑是身处秋风茅屋之中杜甫的渴望。

除了"读书破万卷，下笔如有神"，老杜诗中，频及"万卷"之语。你看，《可叹》诗中还有"群书万卷常暗诵，《孝经》一通看在手"，《郑典设自施州归》诗中又有"群书一万卷，博涉供务隙"。可见，老杜真是于万卷书情有独钟。

在印刷术尚未普及的时代，书皆手抄，拥有万卷书，诚非易事。曾巩的《隆平集》卷一《馆阁》记载了宋初国家藏书的情况："初，乾德中平蜀，得书一万三千卷，开宝末平吴，又得二万卷，参旧书为八万卷。"

这一记载，可以从南宋成书的李焘《续资治通鉴长编》（以下或简称《长编》）卷一九太平兴国三年二月丙辰条所记得到印证："建隆初，三馆所藏书仅一万二千余卷。及平诸国，尽收其图籍，唯蜀、江南最多，凡得蜀书一万三千卷，江南书二万余卷。又下诏开献书之路，于是天下书复集，三馆篇帙稍备。……书籍正副本凡八万卷，策府之文焕乎一变矣。"

整个宋廷的藏书，最初不过万余卷，全国统一后，四处搜罗，才达到八万余卷。可见，万卷书对于个人来说，几乎是一个天文数字，而坐拥万卷书则不啻是一个不可企及的梦想。

不过，伴随着和平时期的到来，经济的繁荣，还有崇文之风所及，北宋家拥万卷书者，还真不乏其人。

我们来看《隆平集》的记载。

卷七《宋绶传》载："家藏书万卷，皆手自校正。杨亿尝称其文淳丽，尤善赋咏，自以为不及也。"由于博览群书，宋绶知识渊博，"经史百家，莫不通贯。朝廷有大议论，皆所裁定。于前世文章，必深考其得失"。

卷九《吴廷祚传》载："（廷祚）好儒学，聚书数千卷。至元扆，聚书乃至数万卷。喜读《左氏春秋》，尤通内典。"吴廷祚是由后周入宋的枢密使。在吴廷祚本人的时代，已经家有藏书数千卷，到了他儿子吴元扆之时，居然多达数万卷，量侔朝廷。而据《宋史》本传记载，在吴廷祚时，其实就已经"聚书万余卷"了。社会变化，如暗流涌动，从五代武人跋扈时代开始，已见崇文之渐。

卷一四《李行简传》载："聚书万卷，多其自录，人谓之书楼。"自录万卷，毅力超凡。可见聚书万卷并非仅仅出于附庸风雅，摆摆样子，而是真的想"读书破万卷"。

同卷《彭乘传》载：“家聚书万卷，多乘手自校正。”彭乘跟前述宋绶一样，对万卷藏书多是“手自校正”。《宋史》卷二九八本传在记载此事的同时，还加上了一句：“蜀中所传书，多出于乘。”作为四川人的彭乘，主观上可能是为了自己破万卷，但客观上则传播了文化。

不仅是士大夫聚书，流风所至，连不少武人也开始向学藏书。卷一八《王汉忠传》载：“颇涉儒学，好为歌诗，聚书万卷，尊儒士，待宾佐有礼。”

虽不及万卷，亦达数千卷藏书的武人也有其人。卷一九《安俊传》载：“俊历边任，有威名战功。家藏书数千卷，婚姻多择士人。常曰：‘吾家集坐，有文士过半，平生足矣。’”

宋代是士大夫的一统天下。社会风气的形成，不仅仅是由于朝廷右文的政策导向，和平安定的生活，繁荣发达的经济，还有科举促成的全社会向学，都是促因。

老杜所描述的“群书一万卷，博涉供务隙”，在宋代已非虚幻景象，而是真真切切的存在，这是经济有余裕的士大夫的雅好。

众多促因之中，也不能埋没老杜的功劳。“读书破万卷，下笔如有神"，在宋代也已深入人心，所以家藏万卷，比比皆在，如上述。

读书万卷，家藏万卷，是历代读书人一直想圆的一个梦。

不过，宋代读书人的境界已经不仅仅是出于闲适雅趣，如老杜说的"博涉供务隙"，也不仅仅为了练出一手好文笔，达到"下笔如有神"。

"与士大夫治天下"的政治环境，极大地激发了那一代读书人的雄心壮志，"为天地立心，为生民立命，为往圣继绝学，为万世开太平"，才是他们的终极目的。因此，许多士大夫并非泛泛无目的地读书，而是着眼于经世致用。因此，才华横溢的东坡居然也针砭无意义的博览群书。他在诗中写道："读书万卷不读律，致君尧舜终无术。"

读书要读什么书，坡公发问。

士大夫的尊严

读北宋史书《隆平集》卷五《宋庠传》。

短短四百余字的传记，惜墨如金，多是罗列传主的官历仕履，几乎没有什么具体事迹的记载。不过，却集中讲述了宋庠经历的两件事。由于这两件事的性质类似，所以撰者放在了一起，连续加以记述。其事如下：

> 初，制举人与武举杂试，庠建言，六科待天下异士，宜设次具酒食礼之，武举人别试。上从其请。
>
> 庆历中，仁宗召两府资政殿，亲策以时事。庠独以为两汉对策本延岩穴草莱之人，臣等备位大臣，自视遇如贱士，非所以尊朝廷，乃请归中书合议上奏。从之。

这两件事,《宋史·宋庠传》和李焘的《续资治通鉴长编》都有记载。古代的朝廷史官和私家撰史者多不乏史识,面对大量纷杂的事实,他们很善于披沙拣金,提炼出一些具有典型意义的史料入史。那么,这两件事有什么典型意义呢?

* * *

我们先看第一件事的来龙去脉。

景祐元年(1034)六月,担任知制诰的宋庠和几名官员受命主持了制科考试。如果把进士考试比作大学考试的话,那么制科考试则犹如研究生考试。《宋会要辑稿·选举》记载:"(景祐元年)六月十六日,以翰林侍读学士李仲容、知制诰宋郊、天章阁待制孙祖德、直集贤院王举正就秘阁考试制科。仲容等上吴育、苏绅、张方平论各六首。"当时,宋庠尚未更名,名叫宋郊。

此次主考,看到的景象对宋庠刺激很深。事情过去一个月后,他还萦萦于怀,终于向宋仁宗提出了上述建议。《长编》卷一一四景祐元年闰六月载:"甲申,诏:'御试制科举人,自今张幕次于殿庑,仍令大官给食。武举人以别日试之。'时知制诰宋郊言:'贤良茂才等科,上所亲策,乃与武举人杂试,非所以待天下特起之士也。宜如故事,命有司设幄供饮膳,斥武举人就别馆。'

诏从郊请。"《长编》的记载尽管比《隆平集》详细，但对宋庠的建议依然也是节略。

幸而在宋庠的《元宪集》卷三一收录了他上奏的这篇《贤良等科廷试设次札子》。这篇上奏札子不短。过去的官僚奏疏，尽管都是围绕一个主题，但为了能让君主愉快地接受，往往委婉曲折，溯古道今，引经据典，并且还夹杂许多客套话，力争滴水不漏、八面回环，因此即使是件简单的事，形成了奏疏，也篇幅不菲。除非有欣赏文采的嗜好，我估计过去的皇帝也会跳过许多虚文，择要而阅，没有耐心逐字通篇御览。所以，我们也择要来观览一下这篇奏札。

宋庠先是回顾了制科考试当日让他备受刺激的景象：

> 伏睹贤良方正苏绅等就试之日，并与武举人杂坐庑下。洎摛辞写卷，皆俯伏毡上，自晨至晡，讫无饮食。饥虚劳瘁，形于叹嗟。虽仅能成文，可谓薄其礼矣。

接着宋庠如此描述了武举人：

> 武举人等才术肤浅，流品混淆，挽弩试射，与兵卒无异。

这种描述，清晰地反映了宋代士大夫重文轻武的观念。这是进入宋代后，由朝廷的导向所形成的时代风气。对这些让"与兵卒无异"的武举人与高级文人混杂同处进行考试的做法，宋庠上升到有亏国体的高度加以批评：

> 使天子制策之士，并日较能，此又国体之深讥者也。臣窃为朝廷惜之。

对此，宋庠没有引古道今，而是搬出了真宗朝的祖宗法：

> 臣不敢上引汉唐以烦省览，仰唯先帝故事，布在耳目，缙绅列位孰不知之？谨按真宗皇帝凡五策贤良，皆躬御便坐。其举人就试，并于殿廊，张幕为次，垂帘设几，大官赐膳，酒醪茶菽，无不毕供。圣人之心，以为张不次之科，待非常之士，所咨者天人之际，所质者古今之宜。言若可行，高者足以和阴阳，跻仁寿，下者足以明利害、观学术。是则所责于人者若是之重矣，所设之礼又可以轻乎？

宋庠说，先朝曾五次开制科，真宗皇帝不仅亲临，还对应试举人设桌椅，供饭菜，进茶上酒，悉心招待。因为制科是"不次之科"，参加者也是"非常之士"。在这样对比之后，宋庠严肃地指出，如果朝廷还这样慢待士人，就不会招来出类拔萃之辈。他的原话是这样说的："臣恐有司自今以往待士之礼因循亡弃，则国家设此举必无异人。"宋庠接着指出了原因：

> 士有高才，必有高节。节高礼薄，将耻而不就。

读书人有读书人的尊严。你不重视我，我也耻于前来应试。即使有人来应试，也是些"轻躁徼幸，先身后义之徒"。

这件事是作为读书人的宋庠，为自己的同类鸣不平，呼吁皇帝和朝廷重视读书人的尊严，礼遇读书人。

* * *

第二件事，则是宋庠维护自己以及整个由士大夫精英组成的执政集团的尊严。

急于求治的宋仁宗，常常突然召集大臣，发给纸笔，让他们当场提出施政方案。当年开天章阁让范仲淹、韩琦提出改革方案就是一例。这次又在资政殿重演故伎。《长编》卷一六三庆历八年三月甲寅条对此事有详尽记载：

> 又诏翰林学士、三司使、知开封府、御史中丞曰："欲闻

朕躬阙失，左右朋邪，中外险诈，州郡暴虐，法令非便民者，及朝廷几事，其悉以陈。"皆给笔札，令即坐上对。而宰相陈执中固辞，上复敦谕，至于三四，乃听两府归而上之。

时枢密使夏竦知执中不学少文，故为帝谋以策访大臣，面使条对。竦意实欲困执中也。执中方力辞未许，参知政事宋庠进曰："两汉对策，本延岩穴草莱之士，今备位政府而自比诸生，非所以尊朝廷，请至中书合议上对。"许之，谕者以庠为知体。

从这条记载看，这件事的发生，尽管表现为宋仁宗的求治心切，但背后则是夏竦在捣鬼，想让"不学少文"的宰相陈执中当场出丑。可见一件事情结果的形成，多有复杂因素，为诸种合力作用所致。观察事相，不可为表象所惑。

夏竦这样做，出于私心，然有失大体。所以，为执政集团中地位尚低的宋庠所反对。宋庠的反对，就像是直截了当地说，我们是大臣，别拿我们当小学生。

仁宗的举动与宋庠的反应，使我联想到"文革"时拿中学的数理化问题考教授，让接受考试的教授们倍感受辱。宋庠其时当亦有同样的感受。

* * *

宋庠何以对这两件事这样敏感，反应如此强烈呢？这里面似乎有着深刻的背景因素。

宋朝自太宗朝开始大规模开科取士，真宗朝继续实行这一政策，几十年下来，"满朝朱紫贵，尽是读书人"，从中央到地方，科举入仕的读书人占据政治领域的大小高地，前所未有的士大夫政治终于形成。这种士大夫政治，既激发了读书人的责任感，也唤醒了读书人的自觉意识。士不可辱，士不可轻，高才与高节相应。极大的政治参与，让士大夫拥有了主人翁的尊严。

东晋时期，"王与马共天下"。到了宋代，又有了类似的表述。文彦博对宋神宗说"与士大夫治天下"。和"王与马共天下"不同的是，共治者并不是哪个个人，而是一个阶层，是士大夫群体。共治天下，权力共享，自然地位不低，因而自尊心亦陡增。宋庠在这两件事上的强烈反应，其因正在于此。他要维护的，是一个阶层的尊严。

士大夫作为一个阶层的彻底崛起，正是在宋代。人们大多认为，文彦博的"与士大夫治天下"彰显了一代士大夫的自信与自豪。其实，早在文彦博之前，张载的"为天地立心，为生民立命，为往圣继绝学，为万世开太平"，那才更是张扬着天上地下唯我独尊般的绝大自信。在这几句话中，哪里有君主的半点位置！张载并非发为大言，这几句话依托的，正是士大夫阶层空前崛起、士大夫政治主宰一切的强势背景。

士大夫有着自己的尊严，不容轻视。因此说，作为士大夫精英的宋庠的反应，并不过度，实在是极为正常的反应。

南面为王，北面而问

"汉恩自浅胡自深，人生乐在相知心。"拗相公王安石每每有惊人之语。除了被当时人归纳的"天变不足畏，祖宗不足法，人言不足恤"的"三不畏"之外，王安石还有一句话，曾经颇为人所诟病："若夫道隆而德骏者，又不止此。虽天子，北面而问焉，而与之迭为宾主。"

这是王安石四十四岁时在《虔州学记》中写下的一句话。意思是说，对于道行品德高尚的人，即使是天子，也要转过身来虚心请教，而尊其为主。

向来，宫殿之中，都是天子坐北朝南，南面为王。而王安石却为南面为王的天子设置了一个北面而问的尊贵对象。那么，这个皇帝要北面而问的对象是什么人呢？我们需要看一下连接这句话的完整文脉：

> 夫士，牧民者也。牧知地之所在，则彼不知者驱之尔。然士学而不知，知而不行，行而不至，则奈何？先王于是乎有政矣。夫政，非为劝沮而已也，然亦所以为劝沮。故举其学之成者以为卿大夫，其次虽未成而不害其能至者以为士，此舜所谓庸之者也。若夫道隆而德骏者，又不止此。虽天子，北面而问焉，而与之迭为宾主，此舜所谓承之者也。

简单地归纳这段话的意思就是，士是作为国家管理者出现的，学而有成者成为高级官员。而其中的精英，是天子都要调换位置加以礼敬请教的。皇帝需要北面而问的对象就是士。

对于这种打击皇帝权威的话语，徽宗时期，陈瓘在《四明尊尧集序》中首先发难：

> 臣伏见治平中安石唱道之言曰：道隆而德骏者，虽天子，北面而问焉。而与之迭为宾主。自安石唱此说以来，几五十年矣，国是之渊源盖兆于此。臣闻天尊地卑，乾坤定矣，定则不可改也。天子南面，公侯北面，其可改乎？今安石性命之理，乃有天子北面之礼焉。夫天子北面以事其臣，则人臣何面以当其礼？

在打着王安石旗帜的蔡京专权时期，陈瓘因此被列入元祐党籍，除名远窜而死。南宋初年，反思北宋覆亡的教训，出现了否定王安石变法的声浪。在这样的背景之下，陈瓘被恢复名誉。《宋史》卷三四五《陈瓘传》载：

> 绍兴二十六年，高宗谓辅臣曰："陈瓘昔为谏官，甚有谠议。近览所著《尊尧集》，明君臣之大分，合于《易》天尊地卑及《春秋》尊王之法。王安石号通经术，而其言乃谓道隆德骏者，天子当北面而问焉，其背经悖理甚矣。瓘宜特赐谥以表之。"谥曰忠肃。

宋高宗褒扬陈瓘与恼火王安石，都在于尊王与否。分析高宗的心理，自然也有树立非长而立的自身权威意识存在。那么，如何看王安石"北面而问"的表述呢？

清人蔡上翔《王荆公年谱考略》卷一一认为这句话乃"解经之言，非若见之章疏，等之新法"。蔡上翔这样为王安石辩解，其实内心里还是觉得王安石这句话有悖君臣之义，所以强调说只是学术层面的话语，并非书之奏疏的公开言论，也没有付诸新法。我觉得蔡上翔或出于心有忌讳，或出于认识局限，仅仅点出了这句话包含的解经事实，却没有展开论述，也未能深入分析王安石这句话所反映的时代背景因素。

蔡上翔说王安石这句话是解经之言，的确有事实依据。因为无论北面而问，还是迭为宾主，王安石都是有着典籍出处的。《吕氏春秋》卷一五《下贤》云：

> 尧不以帝见善绻，北面而问焉。尧，天子也。善绻，布衣也。何故礼之若此其甚也？善绻，得道之士也。得道之人，不可骄也。尧论其德行达智而弗若，故北面而问焉。

对这句话，汉代高诱注云："善绻，有道之士也，尧不敢以自尊，北面而问焉。"又注云："人轻道重也。"庄子则在《外篇·田子方》章讲述了一个周文王的故事之后说：

> 文王于是焉以为太师，北面而问曰："政可以及天下乎？"臧丈人昧然而不应。

这些典籍虽非儒家经典，讲述的却是儒家圣人的故事，所以王安石的话可以视为广义的解经之言。而"迭为宾主"则明确见于儒家经典《孟子》的《万章》下篇：

> 舜尚见帝，帝馆甥于贰室，亦飨舜，迭为宾主，是天子而友匹夫也。

这里，孟子讲的是尧与舜的故事。是说尚为平民的舜去见帝尧，帝尧让自己的女婿住在厢房，把好房间提供给舜住，在宴会时，与舜互为宾主。孟子认为，这就是天子结交平民。

值得注意的是，上述三部文献《庄子》《孟子》《吕氏春秋》产生的时代均为战国时期。

春秋时期，周王室尽管衰微，周天子还有个名义存在，要想称霸，必须"尊王攘夷"，必须"挟天子以令诸侯"。进入战国时期，则成为无天子时代。然而，诸侯国君的权威尚未树立。君臣以义合，这是承继春秋以来的政治传统。"道不行，乘桴浮于海。"战国时期的士流动更为活跃，游走兜售于列国。当此之时，不仅如战国四君子网罗数千门客，甚至连鸡鸣狗盗之徒也纳于门下，各国国君更是以纳士为先。苏秦、张仪演出了合纵连横的大剧。得士则兴，失士则亡，昭示着那个时代士的力量。"民为贵，社稷次之，君为轻"，"君有过则谏，反复之而不听则去"。与君主平起平坐"迭为宾主"的孟子，说出了让君主"勃然乎变色"的这些话语。在无权威的时代，士人在历史上首次显示了强势的辉煌。

秦皇汉武，大一统集权王朝树立起至高无上的皇权，士人成为皇权的奴仆。除了在东汉的清议和太学生运动中显示出一抹亮色之外，士人失去了曾经拥有过的强势。

然而，星移斗转，历史走进了宋代。大规模的开科取士，朝廷无意识的政治行为，在客观上最终成就了士大夫政治。"格物、致知、正心、诚意、修身、齐家、治国、平天下"，从人心到社会，从江湖到庙堂，士全面主宰了政治，再现了曾经的辉煌。那句为研究者所津津乐道的"与士大夫治天下"，其实不过是体现了与君主权力共享的政治取向。宋代的士，其志不仅仅在此。"为天地立心，为生民立命，为往圣继绝学，为万世开太平"，这才是士人的终极理想。在这几句天上地下唯我独尊的豪迈话语中，我们看不到君主的存在，高扬着那一代知识人的无比自信。

在君主制政体之内崛起的士大夫政治，需要拥有与名义上至高无上的皇权相抗衡的武器。宋代士大夫重新拾起"君臣以义合"的主张，尽管此君非彼君，战国时的诸侯国君与后世作为皇帝的君主不可同日而语，但同样的一个"君"字，让宋代士大夫们进行了有意的概念错位，从而春秋战国时代诸子百家的君主论就成为抑制皇权的重要理论资源。不仅王安石运用先秦文献，拈出"北面而问"和"迭为宾主"的话语，就连相传写过《辨奸论》抨击王安石的苏老泉，甚至也写下过这样的话语：

圣人之任腹心之臣也，尊之如父师，爱之如兄弟，握手
入卧内，同起居寝食，知无不言，言无不尽。百人誉之不加
密，百人毁之不加疏。尊其爵，厚其禄，重其权，而后可以
议天下之机，虑天下之变。

这几句话表现出的程度，实际上已经超过了王安石所说的
"北面而问"和"迭为宾主"。所描述的情形，"与主上若朋友"。
这句话是熙宁时期人们形容王安石与宋神宗的关系。苏老泉这段
见于《嘉祐集》卷四《论衡·远虑》中的话语，又被宋朝的史官
记入国史，因而我们今天从《宋史·苏洵传》中也可以读到。苏
老泉有许多言论，国史唯独援引了这段，则说明包括宋朝史官在
内，"君臣以义合"，变君臣为师友，共治天下，是宋代士大夫的
集体意识。这正是王安石说出"北面而问"和"迭为宾主"的时
代背景因素。

"迭为宾主"其实不仅是王安石借古喻今的政治期许，更是
士大夫政治下的实际状况。与王安石同时的曾肇在元祐期间写下
过一首《迩英阁侍讲筵作》诗。诗云："二阁从容访古今，诸儒葵
藿但倾心。君臣相对疑宾主，谁识昭陵用意深。"孰主孰宾，浑
然难分。

宋高宗在褒扬陈瓘时抨击王安石的"北面而问"，无疑是出

于恼恨王安石对皇权的贬低。不过，值得注意的是，宋高宗褒扬陈瓘和抨击王安石的时期。进入南宋，王安石变法被视为北宋亡国之祸源，因而备受攻击。不过，宋高宗为何要到了绍兴二十六年（1156）才开始褒扬陈瓘，并抨击王安石的"北面而问"呢？因为就在前一年，长期专权的秦桧已经死去。宋代，特别是在南宋，权臣专权频发。权臣专权不是政治的常态，但也不能不说是士大夫政治的极致发展下的变态。说到底，还是属于士大夫政治的一种形态。因此，在秦桧专权时期，宋高宗不能、也不可能抨击王安石的"北面而问"。

秦桧一死，宋高宗开始实际亲政。惩于秦桧专权，宋高宗要高扬皇权，王安石的"北面而问"便被拿出祭旗。而深受秦桧专权之苦的士大夫们，自然也希望使士大夫政治恢复到常态，调整失衡的君臣关系。特定背景下的政治合力，便形成了对王安石"北面而问"的批判，但这并不意味着士大夫意识的改变。南宋后来逐渐壮大的道学，更是成为士大夫政治的理论支撑。"道理最大"，君主头上，除了天，还多了理。从此，道学所提供的精神支撑，给后世的知识人灌注了遗传基因，无论在政治场域，还是社会场域，不分时代，一直都显示着巨大底气。

抛开特定的时代背景因素，王安石"北面而问"与"迭为宾主"之说，一直为历代知识人所接受。被称为"苏门四学士"的黄庭坚就恭恭敬敬地将王安石的《虔州学记》手抄下来，送给一个叫吴季成的人，提供给他作为教育孩子的教材。而南宋人编纂的《宋文选》，明人编纂的《唐宋八大家文钞》《文章辨体汇选》，甚至清代以皇帝名义编纂的《御选古文渊鉴》，都收录了王安石这篇主张"北面而问"与"迭为宾主"的文章，表明了各个时代的知识人对这一意识的认同。

从承续道统的角度说，包括王安石在内的北宋士大夫对先秦君主论的再阐发则是重要的一环。虽然废除了"坐而论道"，但在精神上却与君主平起平坐，南面为王的君主须"北面而问"，身为臣下的士大夫可以与君主"迭为宾主"。所以有自信，有理想，"为天地立心，为生民立命，为往圣继绝学，为万世开太平"。从那时起，中国知识人在精神上便不再跪下。

中国知识人的深层意识里，有着这样的遗传基因，需要激发。回顾传统，意在承继道统，因说"北面而问"如上。

"不见之怨"

重读《宋宰辅编年录》。

卷七在叙述了"（王）安石得政，多所更张，人心不宁"的背景之后，记载了范纯仁与宋神宗的一段对话：

> 范纯仁召自陕西，即言于上曰："愿陛下图不见之怨。"
>
> 上曰："何谓也？"
>
> 纯仁曰："杜牧所谓'天下之人不敢言而敢怒'者，即不见之怨也。"

"不见之怨"，"见"读作"现"。这是《宋宰辅编年录》作者徐自明摘录今已散佚的史书《丁未录》中的一段。范纯仁的这番言论，首先见于曾肇撰写的《范忠宣墓志铭》，载《曲阜集》卷三。继而又在《忠宣公国史本传》中出现，载《范忠宣集》卷一八附录。这表明私人撰述的墓志铭，最终进入了宋朝国史系统。于是，今天的《宋史》卷三一四《范纯仁传》便有了这一记载。而后，宋人编纂的史书《东都事略》《九朝编年备要》以及《宋宰辅编年录》纷纷收录了这段饶有深意的言论。

《宋宰辅编年录》的引述过于简略，仅从上述记载看，似乎"不见之怨"的说法就是范纯仁的发明，而他所引述的杜牧的话，不过是"不见之怨"的注脚。

其实古代士大夫不大说没由头的话，几乎是言必引经，说必据典。我们来看一下《范忠宣墓志铭》对这件事的原始记载：

> 神宗初即位，慨然有追迹先王、内修政事、外攘夷狄之志，得王荆公任之，多所更张。公自还朝，即劝上毋开边隙。又言："变改法度，人心不宁。《书》曰：怨岂在明，不见是图。愿陛下图不见之怨。"上问："何谓不见之怨？"公曰："古人所谓'天下之人不敢言而敢怨'者是也。"上善之，令条古事可为戒者以闻，公作《尚书解》以进。

从这段记载可知，范纯仁这番言论的理论根据来自儒学经典《尚书》。

检视《尚书》，在《夏书》的《五子之歌》中看到了范纯仁引述的那句话以及前后的关联话语：

> 皇祖有训：民可近，不可下。民唯邦本，本固邦宁。予视天下，愚夫愚妇，一能胜予。一人三失，怨岂在明，不见是图。予临兆民，懔乎若朽索之驭六马，为人上者，奈何不敬？

《五子之歌》相传是夏启之子太康无道，他的五个弟弟"述大禹之戒以作歌"。上述所引为第一歌。

我们来看一下宋人的解读。林之奇《尚书全解》卷一二云：

> 此言人君多失，则致人怨矣。其所以致匹夫匹妇之怨者，亦不在于显然过恶。苟失于此者在毫厘之间，必有怨之矣。盖人君之所据者，天下之利势也，一颦笑一举措，而生民之休戚利害系焉。故损怨之道，必在图之于未见之初。苟怨之既形而后图之，亦已晚矣。唯匹夫匹妇之愚者，足以胜予。而所以致匹夫匹妇之怨者，又不在大。则是人君之所处，是诚天下至危之势也。懔，危也。予临兆民，懔乎若朽索之驭六马，言危惧之甚也。朽索易脆，六马易惊，则轮折车败矣。

林之奇于同书卷二八又反复申说：

> 《五子之歌》曰：怨岂在明，不见是图。言当图所以远怨
> 之道而已。当顺而不顺，当勉而不勉，皆致怨之道也。盖治
> 其国者，必顺于人而勉于己。不顺于人，则暴戾悖乱，以咈
> 百姓之心；不勉于己，则般乐怠傲，以纵一己之欲，怨安得
> 而不聚哉？

在君主制下，君主代表的是国家。因此，对君主的劝诫，当
是对同为一体的政府的劝诫。林之奇解读《五子之歌》这段话，
说是要君主克制自己的欲望，不与民争利，如临深渊，如履薄
冰，小心翼翼地为政，防微杜渐，不敛怨于民。这种解释与历代
通常解释无异，是从文本自身出发的解释。

而宋人陈经在《尚书详解》卷八的解释，则有了更为深刻的
阐发：

> 此章皆禹之训也。禹深见得为君亲切处，在于得民心与
> 失民心。故五子述其训，以为首章之歌，以见太康之失邦。
> 其大要在于失民心也。民之可以亲近而不可卑下者，以其为
> 邦本故也。孟子曰：民为贵，社稷次之，君为轻。得民则得
> 国，故本固则邦宁。天下愚夫愚妇至贱也，天子至尊至贵也。

愚夫愚妇岂能胜予哉？殊不知一人之心，即千万人之心。失一愚夫愚妇之心，即失天下之心也。失一人之心，而遂至于失千万人之心，则人心去而君之势日孤，岂不胜予乎？一人三失者，失而至于三，积之多而不知改悔者也。怨岂在明者，言天下怀怨愤之心，岂敢明言之，特蓄怨于中尔。故有天下者，当于几微之际，有以谋之，无使蓄怨于中则可矣。秦人之祸，可以为鉴。予临兆民，凛凛然如朽索驭六马。然朽索以喻君，六马以喻民，六马之奔突，岂朽索之所能驭？人主常持不足之念，以为民之难安，岂予一人所能任其责哉？唯以此为心，则无时而不敬也。故曰奈何不敬。此章大意谓国以民为本，而欲安民者，又当以敬为本。

陈经借着对《五子之歌》这段话的解释，申说为政者得民心的重要性。他指出，在为政者看来，普通百姓至卑至贱，但是也只能示以亲近，而不可轻视。一介草民看似微不足道，但失去一个人的民心，就等于失去了全天下的民心。君主就像那驾驭六匹马的马车的旧缰绳，而民众就像那奔驰的六马，驾驭不当，缰绳时刻都有断掉的可能。因此必须谨慎，对民众怀有虔敬之心。陈经在解释中引用了孟子那句有名的"民为贵，社稷次之，君为轻"之语，这是曾经让明太祖听了极为不快的话语。

从宋人的解释与《五子之歌》的本文看，《尚书·夏书》的

《五子之歌》产生的年代，最早不会超过春秋时期。春秋乃至战国，封建制走向解体，周天子式微，进入诸侯争霸的时代。为了取得霸主地位，保民争民成为第一要事，民本思想应运而生。"民为邦本，本固邦宁。"黔首不可轻，民心不可忽。朽索驭六马，水可载舟，亦可覆舟。先秦的思想家，为后世的政治提供了宝贵的精神财富。

范纯仁正是利用了这样的思想资源，向宋神宗提出警示。范纯仁言说的理论依据是儒学经典，不是他的发明，但"不见之怨"却是他的归纳。墓志记载范纯仁回答何为"不见之怨"时，记作"古人所谓'天下之人不敢言而敢怨'者是也"。范纯仁的这一事迹被编入宋朝国史时，细心的史学家注出了这段话的出处，于是记为"杜牧云云"。

杜牧的这句话出自有名的《阿房宫赋》。在赋中，杜牧历数了秦王朝的诸种横征暴敛之后写道："使天下之人，不敢言而敢怨。独夫之心，日益骄固。"接下来，杜牧就写到了这种民众敢怨不敢言的直接后果："戍卒叫，函谷举，楚人一炬，可怜焦土。"紧接着杜牧深刻地慨叹："灭六国者，六国也，非秦也。族秦者，秦也，非天下也。"历史无情，恶果常常是自食。

较之先秦的事例，肇兴统一王朝秦朝的覆亡更有说服力，更能打动君主，于是范纯仁引用了包括宋神宗在内当时的人所熟知的杜牧《阿房宫赋》，作为其讲说"不见之怨"的注脚。

天下得失，在乎民心。范纯仁复述的，不过是一个极为浅显的道理。然观自古以来天下兴亡，铭记者寡。

吾从杜牧欲嗟乎，"不见之怨"当省思。

"愚直何益"

作为上司，大多喜欢忠心耿耿并且顺从听话的部下。

这一点似乎自古以来概莫能外，从皇帝到大臣多是如此，上下皆然。这是缘于忠心耿耿可以保证不背叛，而顺从听话则容易驱使。至于下属的聪明与否、才能高下则往往被上司忽略不计。

下属如果太过精明能干，反倒是要被上司所妒忌，让上司产生恐惧感。因此作为臣子不能功高震主，作为下属不能让上司显得平庸无能。全国一盘棋，各个部门，都是武大郎开店。下属高不过武大郎，人人皆大欢喜。

武大郎的身材不高，自己也心如明镜。不过，依然不喜欢别人高过自己，毕竟倘若周围都是高大的身躯，无疑对自己形成一种压抑。三国故事中的曹操算是有智慧的，以唯才是任著称，也还是不愿看到下属太过聪明。摆上一盒点心，题上"一合酥"，杨修解作"一人一口酥"，猜透了曹操的意图，让大家分吃掉了，还颇为自鸣得意。这便让曹操不能容忍，结果掉了脑袋。此虽属小说家言，事实与否需要考信，不过绝对透射着逻辑真实。

这类的事情多了，部下开始学乖。人人如痴如呆装傻，人人蹲着做人，让武大郎独高。如此氛围，大郎甚喜。天马行空，独往独来。天上地下，唯我独尊。

不过，矮就是矮，虚假的氛围改变不了事实。武大郎的心智高度有限，一个人的智慧绝对打理不好店铺。一群蹲着的店员也不愿出头，免得被炒了鱿鱼。店铺经营好坏，与己无关。

武大郎开店，造成集体无责任。店不是自己的，责任流失得一干二净。

武大郎开店，唯我独尊，其实是一种人人皆有的人性弱点。真正发自内心的克服与超越，并不容易。一旦超越了，便有大智慧。

自古以来，作为上司，也真的有这种拥有大智慧的人。

读《隆平集》，在卷六《郭贽传》看到了如下的记载：

> （郭贽）尝对太宗曰："臣受遇不次，唯以愚直上报。"上曰："愚直何益？"曰："犹胜奸邪尔。"

"以愚直上报"，郭贽的这番表白，也可能是出于真心，也可能是出于取悦。不过，却没有让太宗感到很受用。他尖锐地反问，愚直有什么用？意即愚直无济于事。

由于这是一件典型的事例，与《隆平集》的史料来源相同的《宋史》，也在卷二六六《郭贽传》记载了这件事，并且将太宗的反问记作"愚直何益于事"，表意更为显豁。

的确，诚如憨厚的郭贽所言，愚直犹胜奸邪，人品很重要。这是德，对于守身处世很重要。但作为官吏行政，还须有才与能，这是技术层面的要求。不然，真的如太宗所质问的那样，愚直有什么用？

宋太宗有弑兄夺位的"烛影斧声"的嫌疑，这是一直蒙在他身上的阴影，影响到对他人品的评价。但政治归政治，不能以恒常人间伦理衡之。武功不竞的宋太宗，在完成北宋基本统一之后，大兴文教，宋初有名的四大类书《太平广记》《太平御览》

《文苑英华》《册府元龟》，太宗在位期间编纂了前三部。

太祖在位的十多年间，摆脱了戎马倥偬，使年轻的太宗有机会补了文化课，养成了读书向学的习惯。视政之余，他居然能将一千卷之巨的《太平御览》，一天三卷，一年读完。今人有这样毅力的也不多见。

从军人到政治家，历史上的开国皇帝，大多经历了这样的身份转型。准开国皇帝的宋太宗成功地实现了这样的转型。从武功转向文治的政策取向的变化，因素很多。太宗的读书向学无疑也成为众多的促因之一。

重要的是，读书向学让这个位于万人之上的天子拥有了智慧，拥有了清醒的认识，因此，他反感仅仅"以愚直上报"。因此，他没有成为武大郎。

小到齐家，大到治国，皆需集合智慧。日本的学术圈子，有很多小型的读书会，长年锲而不舍地共同研读史料。当我问起为何要采取这种形式时，日本学者谦逊地说，一个人的智慧不够，我们必须集体阅读，方能透彻地理解史料。做学问须如此，行政管理亦然。此即俗语所云，"众人拾柴火焰高"。

不过，话虽如此，真到临事，往往还难以有意识去克服武大郎开店的心理。发挥集体智慧，培育全员责任感，当是为上者的首要责任。

《隆平集》与《宋史》都大书"愚直何益"，表明了宋代士大夫的集体意识与价值认同。集体参与治天下，让宋代士大夫拥有强烈的责任感，大事小情，议论不休。愚直，在宋代没有市场；循吏，在宋代不受称扬。

宋太宗的智慧与清醒，任何时候都需要。我以为。

"不以贵胄先天下"

读南宋太学生刘时举所撰的《续宋中兴编年资治通鉴》。卷四于绍兴五年八月载：

> 亲试举人。初定黄中为首选，用仁宗故事，不以贵胄先天下，擢汪洋为第一。

这里讲的是科举考试。

贵胄，指贵族的后裔。"不以贵胄先天下"，则是对贵族的抑制。宋代的贵族，除了皇族以及军功贵族，则是在士大夫政治背景下形成的新士族。

看到这条记载，觉得有些意思，无奈所记实在简略，语焉不详。这样的简略记载，对当时的人来说，理解不成问题，对后人来说，却适成阅读障碍。

因此，我必须查阅相关的记载，弄清此事。

记载南宋初年史事，以宋人李心传的《建炎以来系年要录》最为翔实。果然，在卷九三绍兴五年九月乙亥条载：

> 详定官、中书舍人胡寅等定（黄）中为首选。辅臣奏，中系有官人。上问："故事如何？"沈与求曰："臣闻皇祐元年，沈文通考中第一，仁宗曰，朕不欲以贵胄先天下寒畯。遂以冯京为第一，文通第二。"上曰："可用此故事。"遂擢（汪）洋为第一。

原来，这个原本被选定为状元的黄中并非白身举子，是有官僚身份的。

在宋代，进入仕途的途径并非只是科举一途，还有军功、纳粟等杂流出身者，而更多的则是官僚子弟以恩荫入官者。为保证家声不坠，政治的主导者士大夫，为自身阶层设置了这项有限度的特权。说有限，是恩荫入官者仅能取得低级官僚的资格，向上升迁比较困难。不过，这像是一项保险，保证了官宦子弟不会成为布衣庶民，可以享有免役等特权。

　　宋代士大夫设计的政治制度，并不是一种只照顾自身阶层的自私制度，不像是魏晋时期的"上品无寒门，下品无势族"。宋代的政治制度，首先保证科举出身者在升迁上的优先权。这是企望士大夫政治永远处于知识精英的真正掌控之下。

　　保持社会流动，让政治不成为一潭死水。

　　制度的设置偏重金榜题名的科举进士，社会风气也青睐"春风得意马蹄疾"的科举进士。这给了靠父祖余荫当上官的这批人很大的压力，跟"一日看尽长安花"的科举官僚比，总觉得颜面无光。正因为如此，拥有决策权的士大夫们便为自己的子弟设计了补救方式，这就是恩荫入官后，也可以参加科举考试，成绩优异，同样可以进士及第，金榜题名。这样一来，有出息的官宦子弟，便可以凭借真才实学，堂堂正正地走在仕途这条大路上。而没出息的，靠恩荫入官，也能有口饭吃。

　　科举之路在宋代异常拥挤，一般举子先要经历地方取解试的激烈竞争，入围不光取决于成绩，还取决于中央分配给该地的名额。成绩优异的幸运者被发解到中央，参加礼部的考试，即省试，合格者参加以皇帝名义主持的殿试，最后方能取得进士资格。竞争的比例大约是千分之一。而有官人参加科举考试，则比一般士人要有许多优惠。这些官宦子弟在科举上插了一脚，无疑让原本激烈的竞争又增加了难度。

从宋代起，科举开始面向全社会，相对公平地给大多数人以机会。有限度的社会流动，给了知识人一个可以圆的千年之梦。这个梦直到1905年科举废除方破灭。

为了不让普通士人失望，"允执其中"的士大夫借皇权创制了一项祖宗法，这就是："不以贵胄先天下。"不以贵胄先天下什么，《系年要录》引述得明白，不以贵胄先天下寒畯。就是说，要优先无权无势的普通读书人。

北宋仁宗时期创出的这项祖宗法，在南宋初年再次被确认，被执行。此后，许多参加考试的有官人，尽管成绩优秀，限于这项祖宗法，也必须屈居第二。宋人张淏编纂的《会稽续志》卷七在复述了上述史实之后，历数道："自后秦熺、董德元、许克昌、赵汝愚、莫子纯、许弈皆有官为第二，而陈诚之、王佐、梁克家、萧国梁、邹应龙、曾从龙俱以第二人升。"可见，这项祖宗法不折不扣地自北宋历南宋被执行了下来。

士大夫精英中，许多原本就是毫无背景的寒士。比如范仲淹，比如宋庠、宋祁兄弟。可贵的是，当他们身居高位时，还能想到在底层奋斗的不易，还能制定政策，"大庇天下寒士尽欢颜"。

保持家声不坠，让子子孙孙永保富贵，亦即世袭意识，是人的一种本能，根深蒂固，难以摒除。不过，宋代士大夫作为一个群体做到了超越这种本能。

"不以贵胄先天下"，是一种制度。这个制度保证了寒士精英的不断参入，士大夫阶层的血液不断更新，充满活力。

"不以贵胄先天下"，还是一种胸怀。当政的政策制定者不拘于狭隘的一己之私，宁可贬抑自己的子弟，也要体现公平公正。这种胸怀，以天下为公，难能可贵。

"不以贵胄先天下"，也是一种自信。自信一个阶层不会像魏晋士族那样彻底腐败。

"不以贵胄先天下"，更是一种大智慧。拥有这种大智慧，士大夫政治主宰了宋代三百年。

"不以贵胄先天下"，在宋代是祖宗法，到了后世，便成为故事。故事，在过去，也是一种政策的依据，遵循的准则。宋代士大夫创制的故事，也为后世所效法。承网友从周见教，《清史稿·董诰传》载："（董诰）乾隆二十八年进士，殿试进呈卷列第三，高宗因大臣子，改二甲第一。"

"不以贵胄先天下"，走到了清朝。清朝之后，我无考证。

"耕当问奴,织当问婢"

　　至道元年（995）五月的一天,宋太宗把三司各个部门的胥吏,亦即小办事员二十多人召集起来,询问财政方面的事情。有个叫李溥的说,我很清楚财政方面的问题所在,但口头难以说清楚,还是给陛下写出来吧。几天后,李溥将财政问题与处理方案整理为七十一项上奏,当天就采纳了其中的四十四项。

　　对此,宋太宗大为感慨,过后跟宰相和执政大臣又讲起这件事。于是,君臣间就展开了一番对话。

　　太宗先引出话题：财政运营通畅与否,在于制度设置的好坏。我看办事员李溥等人的提案,也各有所长。以前我就告诉过三司使陈恕等人说,如果说写文章,引经据典,他们这些人自然无法与你们相比,但说到具体的财政利弊,这些人常年置身其中，必然十分清楚。你们只要让他们具体分析条列，一定会有所裨益。但陈恕等人刚愎自用，一直不肯不耻下问。

听了太宗的这番话，宰相吕端的对应十分简洁，只有八个字："耕当问奴，织当问婢。"

参知政事寇准也引经据典说：孔子进入太庙，每件事情都详细询问。以贵下贱，不耻下问，是官员首先要做到的事。

对于吕端和寇准的对应，太宗深以为然。

上述史实与君臣对话，来自《宋史》卷二九九《李溥传》和《续资治通鉴长编》卷三七。

不管宋太宗是不是在烛影斧声之夜抢班夺权的，作为君主，的确很有智慧，他也知道"卑贱者最聪明"的道理，与地位高低无关，具体业务须请教专家，不唯上，不唯权。

寇准则说连圣人孔子进入太庙都要"每事问"，秉承孔子教化的政府官员，就更应当不耻下问。

整件事情让我很感兴趣，感慨前人的明智与谦逊。

不过，宰相吕端平实对应的八个字，让我更感兴趣。

"耕当问奴，织当问婢。"

这八个字，显然不是吕端的创造，而是一句俗语。

除了吕端，这句俗语在宋代也常常被引述。苏东坡也使用过。

在《东坡题跋》卷五，东坡讲述他的家乡四川有个喜欢收藏字画的杜处士，一天曝书，晒他的字画，一幅戴嵩画的牛被一个牧童看到，拍掌大笑说，这是斗牛啊，斗牛用力在角，所以牛尾缩在两腿间。现在画斗牛，牛尾却都垂着，大谬不然。那个杜处士很认同牧童的说法。讲述这件事之后，东坡议论道："古语有云，耕当问奴，织当问婢。不可改也。"

俗语或成语的产生，都有一定历史背景的依托。而产生并且流行后的俗语或成语，却往往不因历史背景的改变而放弃使用。比如早就不是一斤十六两的时代了，但"半斤八两"这个成语依然在使用。从这个意义上说，俗语或成语像一种活化石，内含着时代的痕迹，折射着历史的隐秘。

奴为农奴，婢为家内女奴。

那么，"耕当问奴，织当问婢"是反映宋代的社会状况吗？

不像。宋代尽管也存在奴婢，但已经不是社会主流。农业以自耕农为主。甚至都不是均田制广为实行的唐代的社会状况。在《会昌一品集》卷一七收录的唐代李德裕的奏疏中，也引用过这句俗语：

> 古人云，耕当问奴，织当问婢。盖以其虽是下贱，能识耕织之故。

既然说"古人云"，想必不是当代。

因此，我猜想，"耕当问奴，织当问婢"这句俗语，至迟应当出现在魏晋南北朝时期。不过，推论要以实证来坐实，否则永远就是推论。

检视典籍，果然，这句俗语较早见于南朝梁代沈约所纂《宋书》卷七七《沈庆之传》：

> 庆之曰：治国譬如治家，耕当问奴，织当访婢。陛下今

欲伐国，而与白面书生辈谋之，事何由济？

沈庆之使用这句话来回答宋文帝，说白面书生不如军人更懂得军事。看上去，这句话像是沈庆之的创造，但我依然觉得是引用了当时人尽皆知的俗语。进一步，我在唐代魏徵等人所纂的《隋书》卷六二《柳彧传》中也见到了对这句话的引用：

　　古人有云，耕当问奴，织当问婢。此言各有所能也。

柳彧家族由南朝梁迁徙到北周，柳彧历官由北周入隋，上述的话，是他给皇帝上表中的一句。这里明确指"耕当问奴，织当问婢"为"古人有云"，亦即古谣谚。

由于文献难征，对于"耕当问奴，织当问婢"这句谚语的追究，只能抵达南北朝。因此，我以为这句谚语至少是反映了魏晋南北朝时期，特别是南朝的社会状况。当然，以此一语还不足以断定当时尚属奴隶社会。然而，至少是反映了在贵族庄园制下奴婢普遍存在的事实。

不知治魏晋南北朝史诸君以为然否？

"执法之官，患在少恩"

宋代名宦范仲淹因犯颜直谏被贬，赴任途经彭泽，拜谒了唐代名相狄仁杰祠。感时思贤，写下了一篇《唐狄梁公碑》。

在这篇碑文中，范仲淹以简练的文字历数了狄仁杰的主要事迹，加以赞扬。

由于电视连续剧的上映，人们对狄仁杰的事迹耳熟能详。电视剧的着眼点，是在表现狄仁杰的断案如神与铁面无私。关于这一点，在范仲淹撰写的碑文中也有体现。

除此之外，从政治理念与自身感慨出发，范仲淹还着力描述身处武周革命时期的狄仁杰匡扶唐室，屡屡与已经成为女皇的武则天抗争，大力讴歌他"雷霆之威不得而变"的政治勇气。

不过，范仲淹的碑文并没有将狄仁杰塑造成纯粹的政治偶像，还从狄仁杰的政治行动中检寻了不少富有人情味的事迹，大加褒扬。

碑文中记载狄仁杰早年担任执法的大理寺丞：

> 公为大理寺丞，决诸道滞狱万七千人，天下服其平。武卫将军权善才坐伐昭陵柏，高宗命戮之，公抗奏不却。上怒曰："彼致我不孝。"左右筑公令出，公前曰："陛下以一树而杀一将军，张释之所谓'假有盗长陵一抔土，则将何法以加之'？臣岂敢奉诏，陷陛下于不道？"帝意解，善才得恕死。

这是两件事。

前一件，讲述的是狄仁杰公平地处理了全国羁押在狱中的一万七千人。

第二件叙述的是具体事件。有个军官砍伐了高宗父亲唐太宗陵墓的柏树，高宗十分震怒，下令杀掉这个人。狄仁杰不仅顶住不执行，还引经据典劝谏高宗不要为一棵树杀一个人。他给高宗施加压力，让他不要做无道君主。最终，这个军官得以免死。

就此，范仲淹大为感叹，认为"执法之官，患在少恩"。意即拥有执法权力的官员，主要问题在于缺乏同情心。

历史的叙述不是用相机拍照，展现原封不动、一成不变的影像，而是叙述者的写意画。依据自己的理念与价值观的写意。范仲淹依据自己的理念，在碑文中还叙述了很多狄仁杰在不同时期、担任不同职务的爱民事迹。

其一：

高宗幸汾阳宫，道出妒女祠下。彼俗谓盛服过者必有风雷之灾，并州发数万人别开御道，公为知顿使，曰："天子之行，风伯清尘，雨师洒道，彼何害哉？"遽命罢其役。

其二：

公为江南巡抚使，奏毁淫祠千七百。

其三：

及迁豫州，会越王乱后，缘坐七百人，籍没者五千口，有使促行刑。公缓之，密表以闻曰："臣言，似理逆人；不言，则辜陛下好生之意。表成复毁，意不能定。彼咸非本心，唯陛下矜焉。"敕贷之。

爱民，不仅源于儒学民本思想的熏陶，还是发自本身的仁爱之心使然。像是追本溯源，揭示狄仁杰上述仁爱行为之所自，范仲淹在碑文的前面就叙述了狄仁杰还是地位尚低的小官时的一件事：

公尝以同府掾当使绝域，其母老疾，公谓之曰："奈何重太夫人万里之忧！"诣长史府请代行。时长史、司马方眦睚不协，感公之义，欢如平生。

主动代替家有病重老母的同僚出行边关，如此高谊亮节，让原本跟狄仁杰不和的上司也感动得和好如初。

滴水映日。作为宋代士大夫的典范，范仲淹后来几近中国士大夫精神世界的圣人。从范仲淹身上，可以看到一代士大夫的整体风貌。范仲淹"先天下之忧而忧，后天下之乐而乐"的精神境界，固然有自幼研习的儒学思想的影响，更主要的，则是相距时代最近的唐代士大夫正面的榜样力量。儒学是理论，先贤事迹是实践，共同构成了宋代士大夫的政治营养成分。范仲淹就说过韩愈有忧天下之心。在这篇碑文中歌颂的狄仁杰，无疑也是范仲淹行为的楷模之一。范仲淹以及多数士大夫的仁心，也是由这些先贤的行为影响塑造的。所以，范仲淹忧国忧民，充满温情与仁爱，痛切地指出："执法之官，患在少恩。"

范仲淹这里讲的"恩"，并非是不要原则，更不是对少数人枉法开恩，而是在维护法律公正的前提下，对执法人性化的期待。

执法之官，"少恩"寡情，缺少人性温度，不止宋代，前代后世，所在皆有。但愿范仲淹之"患"少些。

"以恩废法，如朝廷何"

为何过去称法律为"王法"？

在传统社会，法律是公权力的延伸，而公权力的代表则是皇帝，因此，法律显示的就是皇帝的权威。从秦始皇开始的帝政时代，过去那个"溥天之下，莫非王土；率土之滨，莫非王臣"的王改叫为皇帝。而沿袭旧称，以皇帝名义制定的法律习惯上还呼作王法，很少有人叫作皇法。

且不论叫什么，在任何时代，法律作为维护一个社会秩序的强制性手段，都不可或缺。因为即使是号称文明礼仪之邦，道德的约束力也远不抵三尺剑。

法律约束人的行为规范。其制定无疑反映了制定者的意志与理念。不过，当处于意志和理念的阶段，还属于附着在人心或纸面上的东西，而形成法律条文，一旦颁布，意志与理念便外化为一种客观存在。这种法律的客观存在，对所有人都形成制约，上至王公贵戚，下至贩夫走卒，无人例外。故有"王子犯法，与庶民同罪"的说法。

阅读《宋史》，在卷二八六《蔡齐传》看到一条记载：

> 蜀大姓王齐雄坐杀人除名。齐雄，太后姻家，未更赦，复官。齐曰："果如此，法挠矣。"明日入奏事曰："齐雄恃势杀人，不死，又亟授以官，是以恩废法也。"帝曰："降一等与官可乎？"齐曰："以恩废法，如朝廷何？"帝勉从之，乃抵齐雄罪。

检视也是源自宋朝国史的李焘《续资治通鉴长编》，于卷一一四景祐元年六月壬辰条也有记载，两者互有详略。合而观之，可将这件事情稍为完整地复原：

> 王蒙正子齐雄尝坐杀人除名。齐雄，庄献姻家，未更赦复官，事下枢密院。枢密使王曙将奉行之。齐曰："如此，法挠矣，安可奉行？"且度曙不能执，明日独奏："齐雄恃先后势杀人不死，又亟复官，是以恩废法也。"帝曰："降一等与

官可乎？"齐固称不可，帝从之。

综合两种记载可知，王蒙正为章献太后亲属的联姻，他的儿子王齐雄因杀人被免官除名，亦即犹今日被开除公职。对于杀人罪行来说，这样的处理已经是极轻的了。但过了不久，并没有赶上什么大赦，宋仁宗就指示把王齐雄官复原职。

在宋仁宗即位后未成年之前，章献太后曾临朝听政长达十年。并且在真相大白之前，宋仁宗又一直把养母章献太后当成是自己的亲生母亲。这件事情发生在章献太后去世的第二年，所以宋仁宗还对章献太后满怀感激之情，对她的亲属也充满关照。这就是宋仁宗之所以这样处理这件事情的背景。

在这段记载之后，李焘还引用四川地方文献，对王齐雄有所考证："据《成都金绳院柱记》，天圣十年，蒙正以国子博士知凤翔，齐雄为三班奉职，不知后迁何官。"从这段考证引述的记载可知，王齐雄就是一个官二代，靠他父亲的恩荫而成为一个武官。后来因仗势杀人被免官。

皇帝虽有指示，但事情还是要具体部门来办。三班奉职归枢密院管辖。天圣十年（1032）与景祐元年相隔不远，估计王齐雄会略有升迁，但也还是在武官序列内，所以这件事的处理便交到了枢密院那里。枢密院的一把手枢密使王曙一看王齐雄有这样的背景，皇帝又说了话，便想照办，也送皇帝个顺水人情。但作为副手的枢密副使蔡齐不干，他说这样处理是挠法。

"挠法"就是枉法的意思。典故出自《汉书·酷吏传·周阳由》："所爱者，挠法活之；所憎者，曲法灭之。"

蔡齐知道枢密使王曙不会坚持原则，肯定会顺从皇帝的意旨。于是就在第二天单独跟宋仁宗交涉了这件事，他说，王齐雄仗势杀人不判死罪，又这样快地官复原职，是你皇帝以个人私恩破坏了国家的法律。听到这样的批评，起初宋仁宗还不甘心，想讨价还价，问蔡齐，那降一级复官怎么样？蔡齐质问道：你施个人私恩，让我们朝廷具体执法的人怎么办？《长编》说蔡齐"固称不可"，就是说蔡齐十分强硬地坚持了自己的意见，不同意皇帝的处理方案。宋仁宗没办法，只好听从了蔡齐的意见。"帝勉从之"四个字，流露出仁宗的万般无奈。

最后的处理结果是，"抵齐雄罪"。就是说，王齐雄不但没有官复原职，还落得个抵罪服法。

这就是宋代，一千年前的宋代。尽管那时没有"法律面前人人平等"的话语，却有"王子犯法与庶民同罪"的理念。

在那个时代，作为知识人的士大夫，占据着政治舞台的制高点，皇帝对强势的士大夫政治只能做出合作的姿态。位于九五之尊的皇帝也不能越法律的雷池一步，尽管他是这个王朝名义上的总代表。

日本学者把宋代比作中国的文艺复兴时代。那个时代在士大夫的引领下，不仅四大发明的应用领先于世界，在精神建设的层面，也有让今人汗颜之处。

"贵而能贫"

富与贵，贫与贱，在古代分别为不同的单音词，孔子就说过"富与贵，是人之所欲也"和"贫与贱，是人之所恶也"的话。在现代汉语中，富贵和贫贱作为双音节词经常连用，但实际上是有区别的。

富与贵或贫与贱都不是同一层面上的表意。

富表示财物的富有，贵则表示地位的高贵。与之相对，贫则表示财物的匮乏，贱则表示地位的低下。

固然，在钱与权可以互换的社会，富可达贵，贵可致富。反之，贫可生贱，贱则多贫。

由此看来，社会是语词产生的土壤。所以，社会意识折射在汉语词汇中，就有了富贵、贫贱这样的词汇。

然而，富未必贵，贵亦不等同富。同样，贫未必贱，贱亦不等同贫。

纵观历史，在传统的重本抑末的社会中，事工商者被视为贱业，其中富甲一方的陶朱公大有人在，而腰缠万贯反呈乞儿状的富翁，也不乏其人。

百年树人，真正贵族的养成没有个两三代恐怕不行。

因为真正的贵，还不仅是地位之高贵，皮相的高贵，更是一种从骨子里都透着的高贵。不然，地位再高，名声再显赫，也被人轻蔑，也遭人腹诽。

最近因所谓曹操墓的发现热议曹操。曹操在当时被骂为"赘阉遗丑"，就是因为他是宦官养子之子。宦官在东汉权势熏天、炙手可热，可谓地位很高，但却为人们所蔑视。这种蔑视，让自幼养尊处优的曹操内心留下了深深的自卑感。这种自卑感致使后来他的反智心理时常发作。

　　上述议论的产生，是源自我读到的北宋政治家范仲淹的一句话。范仲淹为他曾经工作过的南京应天府书院写过一篇《南京书院题名记》。在这篇文章中，他称赞书院的创立者戚纶"贵而能贫"。

　　这里，范仲淹所说的"贵"，就是一种精神的高贵。讲的是戚纶，其实也是范仲淹的自况。范仲淹自幼贫困，通过努力，凭知识走向了仕途。他首先拥有的，就是这种精神的高贵，最后走向了地位的高贵。范仲淹是北宋历经几代酝酿出来的士大夫群中的一个。

　　"贵而能贫"，是说贵而堪贫，贵而安贫，清高自尊而能够忍受物质的贫困。这个意思，范仲淹在"贵而能贫"前面说的四个字就表达了出来，这就是"清德素行"。

　　贵不以贫富分。精神的高贵是一种深层次的高贵，是一种前面说的骨子里的高贵。有了这种高贵自尊，便可以不为五斗米折腰，便可以粪土万户侯。所以宋代以来的士大夫作为一个群体，敢于抗争皇权，抗争强权，不为名利地位所拘。固然，士大夫中亦有无耻者，但这不是主流。中国知识人的骨子里是有着"贵而能贫"的自尊的。

不过，自尊有时也会沉睡，需要唤醒，成为自觉意识。

窃以为，任何时代，"贵而能贫"都殊为可贵，都值得发扬光大。

"在人不在天"

时下天灾频仍，看了这个题目，可能以为是讲天灾，以为笔者斗胆究天人之际。其实不然。我是就宋代韩琦的一句话，对古代应用于政治的天人思想略加管窥。

韩琦在《范文正公奏议集序》中，开门见山就写道：

> 某尝谓自古国家之治否，生民之休戚，在人不在天。

在韩琦看来，国家治理得好与坏，百姓的喜忧祸福，均非天意，而在人为。

韩琦的序文历数了范仲淹一生政绩，遗憾地指出范仲淹"不幸经远而责近，识大而合寡"，所以"其言格而未行，或行而复沮者，几十四五"。当范仲淹去世后，人们"惜公所蕴，不克尽施于世"，即可惜范仲淹的政治设想没有得到实施。对于这一点，有人"甚则推诸天，谓人谋之不足为也"，亦即归之于天意。

韩琦在序文的后面驳斥了这种说法。他说："公之所陈，用于时者，大则恢永图，小则革众弊，为不少矣。其未用者，今副稿所存，烂然可究。一旦朝廷举而行之，兴起太平，如指掌之易耳。"就是说，范仲淹生前的许多政治实践已经看到成效。没有来得及施行的，如果朝廷实行，必会大见成效。从这一点来看，韩琦反问道："此天乎哉？"接着他说："必在乎人而已矣。"还是强调人在政治实践中的作用。

"在人不在天"的思想，不是韩琦的发明，《文苑英华》卷六二五收录的中唐时期刘彤《论盐铁表》就说："臣闻国之兴衰，在人不在天；政之理乱，在变不在习。"晚唐李商隐在《行次西郊作一百韵》中的一韵也写道："又闻理与乱，在人不在天。"在韩琦之后，王安石的连襟王令《原蝗》一诗，也说"始知在人不在天"，将蝗灾与人事联系起来。

"在人不在天"的认识，是一种进步，是将政治的得失成败归于人的作为，而不是归于冥冥之中的命运，或是茫然不可知的天命，是对政治机制与政治行为的清醒认识。成型的典章制度的运行，也像是星移斗转四时循环，成为一种自然，但其中作为主宰者的人，所起的作用至关重要。譬如法制与法治，法制者物，法治者人。光有严密的法制，没有严格的法治，严密的法制终会走样变形，甚至徒具空文。从这个意义上说，政治的运作，实在是"在人不在天"。

不过，政治的运作还包含着策略。"在人不在天"是一种对政治操作的把握，但在运用"天谴论"限制皇权时，宋代的士大夫就闭口不谈了。比如韩琦的政治盟友富弼在熙宁变法时期，针对王安石的"天变不足畏"，就不再公开宣扬"在人不在天"，而是大讲天谴之可畏。《宋宰辅编年录》卷七载：

> （富）弼再入相，既至，未见。有于上前言灾异皆天数非人事得失所致者。弼闻之叹曰："人君所畏唯天，若不畏天，何事不可为者！去乱亡无几矣。此必奸臣欲进邪说，故先导上以无所畏，使辅弼谏诤之臣无所复施其力。此治乱之机也，吾不可以不速谏。"

富弼的言论很有代表性，清楚地表明了官僚士大夫把天道作为一种工具，用来限制君主的目的。即借神权来威慑皇权。因为从理论上说，只有天位于皇帝之上，那么如果皇帝不畏天，事情就不太好办。并且如果不是处于非常时期，官僚士大夫是不会轻易革皇帝的命的。所以，同样是出于神道设教，官僚士大夫总是千方百计地引导皇帝畏天。

然而，强调天谴，借神权来威慑皇权，那是在君臣层面的言说；强调"在人不在天"，则是政治家在具体政治操作层面的明确意识。

"在德不在险"

　　战国时，魏武侯泛舟于西河之上，环顾大河峻岭，不禁得意地赞叹："美哉乎，山河之固！此魏国之宝也。"在旁边的吴起冷冷地来了一句："在德不在险。"让魏武侯大为扫兴。不过，紧接着，吴起讲述了三苗、夏桀、商纣恃险而亡的历史教训，并说："若君不修德，舟中之人尽为敌国也。"上善若水，从善如流，吴起的解释，又让魏武侯释然，心悦诚服，吴起立马被封为西河守。这是见于《史记·孙子吴起列传》的记载。

　　"在德不在险"，这句话让秉持以王道治国的儒学家们极为推崇，尤其是以道德自任的宋儒。不仅是学者，这句话也常为以道德为标榜的帝王祭旗。由于开封属于四战之地，军人出身的宋太祖晚年曾打算迁都洛阳，最终迁都长安。太祖的意见遭到其弟、后来的太宗的反对。反对的理由就是"在德不在险"。这句话，噎得太祖说不出话来。此见于李焘《续资治通鉴长编》卷一七开宝九年的记载。

同样的话，后来做了皇帝的太宗又重复说过。太宗晚年，在议论起四川李顺、王小波暴动时，有人说是因为四川没有城池，所以局势失去了控制。听了这话，太宗说道："在德不在险。倘官吏得人，善于抚绥，使之乐业，虽无城可也。"此见于《长编》卷四二至道三年九月丙子条记载。

"在德不在险"，强调行德政，的确重要。金城汤池，雄关险阻，都阻挡不住人心的离叛。这就是吴起所言，如果为政者不修德，同舟共济之人都可能成为敌人，祸起萧墙之内。

然而，真理偏离一步便成谬误。"在德不在险"，当是内政层面的言说，不能适用于一切场合。特别是在对外防御方面，一味强调道德至上，并不能阻止金戈铁马的冲击。文可以化，高度的文明可以光被四表，但那是润物无声的浸染。道德并不能成为孙悟空金箍棒画出的妖魔不入的无形屏障。北宋亡于女真，南宋灭于蒙元，都与道德好坏无根本关联。世界史上，野蛮战胜文明的事例不胜枚举。

在北宋仁宗时期，迁都之议再度提起。太宗说过的"在德不在险"，也像是一条祖宗法，成为反对迁都的一个理由。迁还是不迁？对此，范仲淹的思维跳出了争论不休的怪圈，提出了第三方案。

这个第三方案便是，不立刻迁都，而是以"将有朝陵之名"，有计划地悄悄对向乏整备的洛阳加强建设，实行两都制，"太平则居东京通济之地，以便天下；急难则居西洛险固之宅，以守中原。"为何要悄然进行？这是出于外交考量。真宗朝已与北方辽国签订和平条约"澶渊之盟"，如果公然迁都，势必让辽有所警觉。所以要明修栈道，暗度陈仓。

事实证明，范仲淹具有远见卓识。

面对北方铁骑，北宋的防御体系是以城为主。敌骑掩至，尽可能将民众撤到城中，坚壁清野，郊野则任其掳掠，然后伺机设伏打击，或是乘其退兵之机追击。这样的防御方式，对城池高筑墙是第一要义。因此，辽、西夏、金在进攻时，都曾长驱直入，很少遭遇强烈抵抗，如入无人之境。兴盛繁华的北宋，就是这样，在突如其来的女真人掩袭之下，遽尔灭亡。

历史不容假设，教训可以汲取。倘若北宋依照范仲淹的建议，在觉察危机到来之际，将国都转移至拥有山川之险的洛阳，何以会发生惨烈的靖康之变？

　　针对太宗屡屡强调的"在德不在险"的祖宗法，范仲淹必须使自己的提案具有坚实的理论依据。深谙儒学经典的范仲淹，从《易经》中找到了"天险不可升，地险山川丘陵。王公设险，以守其国"的话语。由此，在《论西京事宜札子》中展开了自己的引申：

　　　　先王修德，以服远人，然安不忘危，故不敢去兵以恃德也。陛下内唯修德，使天下不闻其过；外亦设险，使四夷不敢生心。此长世之策也。

　　"内唯修德"，"外亦设险"，德险兼恃，可谓万无一失。钦佩范公，周全而不迂腐。

　　曾被范仲淹推荐过的胡瑗，后来对范仲淹的思想有了进一步发挥，在他的《周易口义》卷三中，对"在德不在险"进行了直截了当的批判：

　　　　吴起曰"在德不在险"，盖一时之权言耳，非万世之大法也。

胡瑗并不是仅仅抛出孤零零地一句空言，从传说到历史，他列举出许多证据。他说，从五帝到夏商周，国都所在均有山河之险。

胡瑗也不是一味强调恃险而固。跟范仲淹一样，他也主张德险兼恃。

晁仲约该不该杀

南宋人楼钥根据各种正史稗记编撰的《范文正公年谱》于庆历三年内载：

> 是岁，劫盗张海横行数路，剽劫淮南，将过高邮，知军晁仲约度不能御，谕富民出金帛牛酒，使人迎劳。盗悦，径去，不为暴。

读这条记载，我们先试想一下，如果放在今天，对这个开门揖盗的地方长官会如何处理？

接下来我们再看当时朝廷对此事的反应："事闻，朝廷大怒。"这种反应，实在是极为正常。我相信，就是在今天，主政者多半也会有这样的反应。在宋代说"朝廷"，尽管也可以包含皇帝，但主要是指以宰相为首的政府首脑。年谱记载了作出这种反应的代表人物枢密副使富弼提出的处理意见："枢副富弼议，欲诛仲约。"他主张处死晁仲约的理由如下：

> 盗贼公行，守臣不能战，不能守，而使民敛钱遗之，法所当诛也。闻高邮之民疾之，欲食其肉，不可释也。

但当时担任参知政事（相当于副宰相）的范仲淹则明确提出反对意见，主张释放晁仲约，理由是：

> 郡县兵械足以战守，遇贼不御，而又赂之，此法所当诛也。今高邮无兵与械，虽仲约之义当勉力战守，然事有可恕，戮之恐非法意也。小民之情，敛出钱物，而得免于杀掠，或喜之。而云欲食其肉，传者过也。

范仲淹的意思是说，如果州县有兵有将有枪有刀，在大股劫匪到来之际，不进行抵御，反倒加以笼络贿赂，则的确应当依法处理。但就具体情况来看，高邮无兵无枪，尽管在道理上说应当抵御，但实在情有可原，如果处死守臣，则不符合法律的人性原则。而开门揖盗的做法，一般民众可能反倒会高兴破财消灾。说民众对守臣恨之入骨，那是言过其实的传闻。

范仲淹没有僵化于道德理念与法律条文，而是将事件置于具体背景下进行了分析。宋仁宗最终认可了范仲淹合情合理的意见。

虽然宋仁宗已经同意了范仲淹的处理意见，富弼依然不理解，他指责范仲淹说："方今患法不举，举法而多方沮之，何以整众？"有些僵化的富弼主张杀一儆百，严肃法纪。

但范仲淹回答他说："祖宗以来，未尝轻杀一臣下，此盛德之事，奈何欲轻坏之？且吾与公在此，同僚之间，同心者有几？虽上意亦未知所定，而轻导人主以诛戮臣下，他日手滑，虽吾辈亦未敢自保也。"

历来，研究者都从维护不杀士大夫的祖宗法和明哲保身的角度来解读范仲淹的处理方式。固然，这是范仲淹的一个用意所在。但我个人理解，范仲淹还有更深远的用意在。

范仲淹为什么会认为百姓对集资奉盗的做法可能"或喜之"？这是站在百姓立场上的考量。就事论事来看，集资奉盗的做法违反了法律，损害了朝廷威严，但从"民不足，君孰与足"的国家长远利益上看，两者并不矛盾。年谱还引用了《范文正公遗事》中记载的范仲淹的言论，把范仲淹的思想表达得更为透彻：

> 寇至无备，若守臣死之，则民尽涂炭。今吏虽不死节，而民之完者数万家，诚国家实事，所存不细。

范仲淹设身处地，具体分析，如果在不具备抵抗条件的状况下，勉强抵抗，其结果就是生民涂炭。现在守臣没有杀身成仁，用集资奉盗的方式，保全了全城数万家百姓的平安，对国家来说，比什么都重要。表面上看，这还是从国家利益展开的言说，但思想中浸透着重民意识的范仲淹，从根本上说，看重的是守臣保民的大节。在这里，范仲淹肯定的是瓦全，而不是玉碎。

守土与保民，原本应当是一致的，但在特定背景下，尽职守土会与变通保民发生冲突。这种冲突，直击法律和道德的原则底线，本质上体现的是国家利益与民生之间的紧张。这种紧张，不仅仅是在诸如宋元之际那样的大变局之中才凸显出来，局部的变局与微小的事变也往往会把人逼仄到灵与肉的死胡同，迫使人做出玉碎与瓦全的两难抉择，考验当事人的价值判断，撞击当事人的道德信仰。

这样的两难问题，让范仲淹遭遇了。

左往？右往？面对两难，范仲淹做了妥当的处理。范仲淹的处理也成为一种示范。这就是，以人为本。

范仲淹死后，上升为士大夫的道德楷模，特别是到了南宋，被道学集大成者朱熹评论为"天地间气，第一流人物"，认为"宋朝忠义之风，却是自范文正作成起来也"。经过这样的褒扬，范仲淹明确无疑地成为士大夫精神世界的圣人。上述记载范仲淹事迹的逸事也被广泛地流传。

范仲淹在玉碎与瓦全方面的认识，无疑也在有形无形之中影响着后人的思想与行为。后来，靖康之变、宋元鼎革，直面大变局，人们的一些抉择，不能说没有包括范仲淹在内的一些先贤的影响。

知州之死

　　发生在13世纪前期的宋金战事。

　　《两朝纲目备要》卷一六于嘉定十四年三月的纲并目载："丁亥，虏陷黄州，淮西提刑、知州事何大节弃城遁而死。"

　　《两朝纲目备要》于同卷同月的纲并目又载："己亥，虏陷蕲州，知州事李诚之及其家人、官属皆死之。"

　　《两朝纲目备要》的记载录自国史，在《宋史》中有反映。《宋史》卷四〇《宁宗纪》于同日载："丁亥，金人破黄州，淮西提刑、知州事何大节弃城遁死。"又载："己亥，金人陷蕲州，知州事李诚之及其家人、官属皆死之。"

二者几乎文字全同，史源所自一致。

对于两位知州死于战事的记载，南宋人刘时举在《续宋中兴编年资治通鉴》（以下或简称《续宋通鉴》）卷一五也有记载。其一为："金人陷黄州，守臣何大节弃城遁，自沉于江。"其二为："金人犯蕲州，守臣李诚之战败城陷，杀其妻子奴婢，然后自杀，官属多死之。"很显然，作者刘时举在编纂《续宋通鉴》时，既援据了国史，又参考了野史，所记详细具体。那么，比国史增益的事实是不是准确呢？

刚好，在《鹤林玉露》乙编卷五《蕲黄二守》条，也找到了关于二位知州死于战事的记载："嘉定辛巳三月，金人围黄州，诏冯榯援蕲黄。榯迁延不进，黄州守何大节，字中立，召僚佐告之曰：'城危矣，而救不至，诸君多有亲老，且非守土之臣，可以死，可以无死。'乃各予以差出之檄，使为去计。自取郡印佩之，誓以死守。一夕，舆兵忽奔告曰：'城陷矣！'拥之登车，才出门，虏兵已纷集，大节竟自沉于江。未一月，又陷蕲州。守李诚之，字茂钦，手杀其妻子奴婢，然后自杀，官属多死之。朝廷褒赠诚之，且为立庙。而《宁宗帝纪》书'大节弃城遁'。二人皆出太学。刘潜夫诗云：'淮壖便合营双庙，太学今方出二儒。'"

这次战事与罗大经生活的时代相去不远，仅仅是在他写作《鹤林玉露》二十多年前发生的。因此可以说，所记未必失实，同时也印证了《续宋通鉴》采录的野史信实可征。

罗大经记载二位知州之死，翔实而具体。这条记载除了可以补史证史之外，还有两个事实引起了我的思考。

其一是两位知州面对死亡时的不同作为。在援兵未至、围城将破之际，黄州知州何大节就对下属说，你们上有老下有小，又不是守土之臣，可以死，可以不死。于是分别给下属找了出城的公差，实际上是让他们逃命。而何大节自己却誓以死守，最后在面临被俘之时，投江自杀。然而，同为知州，蕲州知州李诚之的做法则不同于何大节。他亲自手刃家人和奴婢，然后自杀身死。在李诚之的带动下，许多下属也纷纷以身殉节。

其二是朝廷对二位知州之死的不同态度。《鹤林玉露》记载了朝廷对李诚之是既褒赠又立庙祭祀，而对何大节则用《春秋》笔法的微言大义，在国史上记载了一句"大节弃城遁"，对何大节予以否定性的评价。朝廷之所以贬何褒李，自然是出于对何大节做法的不认同。作为朝廷，巴不得所有人都为其玉碎才满意，代表统治者意识的国史，必然要竭力宣扬和普及"宁为玉碎，不为瓦全"的观念。

　　不过，宋代士大夫还是有着一定的独立思考的。此事在当时，已经有了争议。在事件发生的当年，刘克庄就在致傅伯成的信中替何大节辩诬："何宪初护齐安官吏士民过武昌，却以身还齐安，固守半月。城破，为虏骑拥入大江，死于赤壁矶下。"意即何大节非弃城逃遁而死。其实，刘克庄不仅是辨析事实，他还说："盖自古于死节之士，例不求疵。方何宪再绝江，僚属莫之从者，而单马独往，彼宁不知往则必死？盖知所处矣。"刘克庄这里既说了何大节同样也是视死如归，同时也透露了一个事实，即"再绝江，僚属莫之从者，而单马独往"。这跟《鹤林玉露》所说的派遣属下出城任其逃生，是一个事实的不同说法。不仅写信为何大节辩诬，还写诗鸣不平。这封《辛巳答傅谏议》载《后村先生大全集》卷一二八。《鹤林玉露》所记载的两句诗，就在刘克庄《闻何立可李茂钦讣二首》之二，载《后村先生大全集》卷四。

　　李诚之之死，《续宋通鉴》和《鹤林玉露》所记"战败城陷，杀其妻子奴婢，然后自杀"这样惨烈详细的事实亦非凭空无据。袁燮《絜斋集》卷一八所载《蕲州太守李公墓志铭》也明确记载李诚之"将死，呼其家人曰：'城已破，汝等宜速死，无辱于敌。'妻孺人许氏及妇若孙即赴水死。"《宋史》本传则采纳了墓志的记载。尽管墓志铭的记载要温和一些，不是李诚之手刃亲人，但毕竟也是他命令她们赴死的。

对于二位知州面对死亡的做法，读者的认识可能是见仁见智，但我终究觉得李诚之的做法过于残忍。作为守土之臣的知州，你可以抵抗到死，为你服务的王朝殉职，但无权剥夺包括家人在内的其他人的生命，让别人也跟着陪绑玉碎。

相形之下，何大节的做法就比较人性化，他自己决意以一死殉职，却放了众多的属下一条生路，在城破之际找了不少公差的由头把他们派遣出城，避免死于非命。他的理由是"非守土之臣，可以死，可以无死"。

不管是否守土之臣，或许有人用"天下兴亡，匹夫有责"来反驳。在我看来，匹夫是否有责，要看匹夫本人的认识。如果他决意要为王朝殉死，那是他自己的意志和自由，如果不是这样，而是被逼殉死，或者营造一种氛围，让人不得不赴死，那就违背了个人意志，也无异于以道德的名义杀人。李诚之不仅杀死了家人，在他的带动下，"官属多死之"。尽管他本人已死后无知，但朝廷却给他褒赠立庙，并且还记入了国史，在流传至今的《宋史·忠义传》中还赫然可见，而那些跟着殉死的众人，死了也就死了，一抔黄土，默默无闻。

作为同僚的刘克庄，为朝廷给何大节的评价鸣不平，他写下诗句"淮堧便合营双庙，太学今方出二儒"，意即何大节的行为也值得肯定，也应当立庙纪念。这种理解之同情，决定了一部分士大夫对玉碎与瓦全的态度。

细看刘克庄的诗与信，他首先认为守土应当是军人的事，两个文人官僚的牺牲也是无辜的。在《闻何立可李茂钦讣二首》之一，他痛心地写道："多少虎臣提将印，谁知战死是书生！"对二位知州之死都表示了悼念。同时，他在前述写给傅伯成的信中，还虚拟别人的口吻说："或言其不知变，坑陷一城生灵。"这实际上等于就是谴责李诚之绑架全城百姓的性命来跟他一起玉碎了。

其实，谁该玉碎，谁该瓦全，自古以来，一直比较明确。食君之禄，死君之事，"肉食者鄙，又何间焉"，玉碎是一定层次之人的事，老百姓不必掺和进来。也就是说，像何大节所讲的那样，玉碎是"守土之臣"的事，其他人"可以死，可以无死"，要遵从本人的意志。具有强烈的"忠臣不事二君"意识的文天祥慷慨赴死，毅然玉碎，但可贵的是，他并没有强求别人跟他一样也去忠君死节。《宋季三朝政要》卷六记载："天祥弟璧，知惠州，奉母夫人就养。归附后，历广西宣慰使。天祥叹曰：兄为国，弟为家，各行其志云。"国是政治，家是生活。文天祥分得清楚。为国为忠可玉碎，为家为孝可瓦全。这完全取决于个人理念。富于人性的玉碎者，对瓦全者给予宽容的理解，尤为难能可贵。文天祥、何大节都是如此。

　　对于个人行为，我敬仰坚持信念的玉碎，也尊重守持底线的
瓦全。

"忍把浮名……"

或许看了标题的这四个字，立刻便会想起柳永那句词"忍把浮名，换了浅斟低唱"。那么，我们就从柳永的那首词说起。

宋人吴曾《能改斋漫录》卷一六《柳三变词》载：

仁宗留意儒雅，务本理道，深斥浮艳虚薄之文。初，进士柳三变好为淫冶讴歌之曲，传播四方。尝有《鹤冲天》词云："忍把浮名，换了浅斟低唱。"及临轩放榜，特落之，曰："且去浅斟低唱，何要浮名？"景祐元年方及第。后改名永，方得磨勘转官。其辞曰："黄金榜上，偶失龙头望。明代暂遗贤，如何向？未遂风云便，争不恣狂荡。何须论得丧，才子词人，自是白衣卿相。烟花巷陌，依约丹青屏障。幸有意中人，堪寻访。且恁偎红翠，风流事，平生畅。青春都一饷。

忍把浮名，换了浅斟低唱。"

那个时代的读书人是何等的自豪与高傲。不仅士大夫敢与皇帝叫板，就连未曾及第的普通读书人，也自视为"白衣卿相"。这首词，据讲是名落孙山之后的牢骚之作。任何王朝都希望"天下英雄尽入吾彀中"，倘若都不把功名当回事，那还有什么可以维系住读书人的心呢？对柳永这种疏离主流政治的情绪，难怪宋仁宗要生气了。

统治者自有统治者的立场，宋仁宗无可厚非。而柳永藐视功名、珍视青春的人生态度，也不失可贵。这也是太白遗风啊。"人生得意须尽欢，莫使金樽空对月。"

并且，仔细考察下来，我发现柳永所表达的，并非个人情绪，而是时代风气，这种风气流露出的，则是被历史烟尘所遮掩的士人的另一面。

说藐视功名是时代风气下士人的另一面，就要证明这种倾向的普遍性。我们手中有证据，并且所举人物的正面形象要比柳永高大得多。他就是范仲淹。据宋人龚明之《中吴纪闻》卷五记载，范仲淹跟欧阳修一起喝酒的时候写了如下一首《剔银灯》词：

　　昨夜因看《蜀志》，笑曹操、孙权、刘备，用尽机关，徒劳心力，只得三分天地。屈指细寻思，争如共、刘伶一醉？人世都无百岁，少痴骏，老成尪悴，只有中间，些子少年，忍把浮名牵系。一品与千金，问白发、如何回避？

　　范仲淹的词，相较上述被宋仁宗揶揄的柳永词，何其相似乃尔！

　　人生不满百，好时更无多。草木一秋，流水一程，无论高贵，还是富有，都留不住一天天逝去的生命。"尔曹身与名俱灭。"政治是灰色的，浮名为过眼烟云。把有限的宝贵生命，牵系于浮名，就像少不更事的痴骏，真不如与刘伶为伍，珍惜生命，把握青春，陶醉于酒中天地。有这样的人生观，有这样对生命的彻悟，在这样的时代氛围与士人习尚下生活的范仲淹，所体现的，是流风所及的影响。这种影响所自，就有柳永。但范仲淹所抒发的，则是更高层次的生命自觉。

　　人是特定环境中的人，不能脱凡超俗，很自然。人又是多面体，不是平面的画像。多面才真实，才是生命的活体，才会让人亲近。

　　我真想知道，曾揶揄柳永"忍把浮名"的宋仁宗，是怎样看他信任的大臣范仲淹也吟诵"忍把浮名"的？可惜没有留下记载。

毫无疑问的是，范仲淹这首词，并不消极，是告诉人们别太萦萦于浮名而本末倒置，要珍惜宝贵的生命。所以龚明之在引述范词之前，先予以定性："范文正与欧阳文忠公，席上分题作《剔银灯》，皆寓劝世之意。"不过，至于怎样活，范仲淹并无说教，"共刘伶一醉"，无疑也是一种活法。

附带说来，"忍把浮名"也不是柳永的发明。宋人胡仔《苕溪渔隐丛话》前集卷二五转述《侯鲭录》记载宋真宗时傅逸人《赠张忠定》诗云：

　　忍把浮名卖却闲，门前流水对青山。青山不语人无事，门外风花任往还。

张忠定，就是为范仲淹所尊敬的名臣张咏。所以说，藐视功名也是体现士人精神的时代风气的一个面，此诗亦为一证。

这里，"忍"非忍耐之意，而是作愿意或舍得解。

辑 二

说 "故事"

首先正音，我讲的"故事"，"事"字不读轻声，而是读去声。次以释义，这个"故事"不是通常所说的意思，即不是《现代汉语词典》解释的"真实的或虚构的用作讲述对象的事情"，而是字面的意思：旧事。但这个旧事在古代有着特别的意思。

祖宗法是本朝所行先例，故事是以前所行先例。二者有重合之处，又不尽相同。以圆形来表示，故事是大圆，祖宗法则是大圆中处于中心位置的小圆。

祖宗法由于是本朝先帝时期的行事与立法，便戴上了神圣的光环。同时，又由于时代切近，与现实切合者多，实用价值大，所以在光环之下，备受重视。在形态上，尽管不属于权力，却体现了一种难以抗拒的权威。

然而，祖宗法并不能包治百病，因为只有祖宗朝既行之事，方可查检比照，难以包罗万象，涵盖一切。

当祖宗法所无之时，具体操作的官僚士大夫首先想到的，也不是创例出新，而是法先王，将目光超越本朝，投向历史全域，来为眼前的问题寻找相应的法理依据。这就是应用故事。

狭义的宋代祖宗法，只涵盖太祖、太宗两朝，至多加上真宗朝。广义的祖宗法，则泛指当朝以前的所有先帝时期的行事。可供官僚士大夫们引经据典的祖宗法，要远远少于上千年积蓄的故事。而故事则是内容丰富，从无匮乏。

因此，故事就成了官僚士大夫的卷帙浩繁的百科全书，就成了得心应手的武库粮仓，现成的先例应有尽有。熟读典籍的官僚应用故事，直如囊中取物。

故事，对于宋朝的官僚士大夫来讲，是仅次于祖宗法的存在。讲求故事，会近追隋唐，远溯秦汉，在方方面面，把故事运用得淋漓尽致。

* * *

在《宋史》中，我们可以看到大量讲求故事的事例。

《真宗纪》于天禧五年十月壬子载："依汉唐故事，五日一受朝。遇庆会，皇太子押班。"这是皇帝把故事作为执行礼仪制度法理依据的事例。

《李昉传》载："会边警益急，诏文武群臣各进策备御，昉又引汉唐故事，深以屈己修好、弭兵息民为言。时论称之。"这是宰相处理国防事务时引据故事的事例。

《苏颂传》载："乞诏史官采新旧《唐书》中君臣所行，日进数事，以备圣览。遂诏经筵官遇非讲读日，进汉唐故事二条。颂每进可为规戒、有补时事者，必述己意，反复言之。"这是士大夫以故事教育君主，而君主又主动接受故事教育的事例。

《选举志》载："咸平间，秘书丞陈彭年请用唐故事，举官自代。"经过缜密检讨后，举官自代于天水一朝遂成定制。这是故事在制度建设层面的贡献。

南宋初年，面对财政困难，楼炤建议"参仿唐制，使户部长贰兼领诸路漕权",“诏三省相度措置，卒施行之"。事见《楼炤传》。这是故事在财政领域应用的事例。

至于在法律方面，应用故事则俯拾皆是。一部《宋刑统》，就是唐律的翻版。引起我写这篇短文的，正是《宋会要辑稿·刑法》中的一段记载。知制诰柴成务对死囚复审提出异议，“事下大理寺详定"。大理寺在讨论后提出报告：

> 检会《刑统》，唐长庆元年十一月五日敕，应犯罪临决称冤，已经三度断结，不在重推之限。自今以后有此色，不问台与府县及外州县，但通计都经三度推勘，每度推官不同，囚徒皆有伏款，及经三度断结，更有论诉，一切不在重推问之限。其中纵有进状敕下，如已经三度结断者，亦许执奏。如告本推官典受赂，推勘不平，及称冤事状有据验者，即与重推。如所告及称冤无理者，除本犯死刑外，余罪于本条加一等。如官典取受有实者，亦于本罪外加罪一等。如囚徒冤屈不虚者，其第三度推事官典本法外加等贬责，第二度、第一度官典节级科处。今详《刑统》内虽有此条，承前官吏因循，不能申明，自今请依成务起请施行。

大理寺的报告首先从《宋刑统》中全文引述了唐朝敕文，然后才据之提出了自己的意见。这是宋代官僚依据唐朝法律文书的一个极为普通的事例。

* * *

不过，故事是个杂货铺。士大夫援引故事，是为了达到自己的目的而辅以佐证。朝廷纷纭或政治斗争的背景之下，作为例证所提出的故事，有时会遭到抵制。比如，在北宋，仁宗在吕夷简的怂恿下要废掉郭皇后，遭到范仲淹等一大批言官的强烈反对。这时，吕夷简就抬出了故事说："废后有汉唐故事。"结果遭到了孔道辅的驳斥："人臣当道君以尧舜，岂得引汉唐失德为法邪？"有力的反驳让吕夷简语塞。事见《宋史·孔道辅传》。

还有士大夫出于结党营私而引用故事，被皇帝本人抵制的例子。《张洎传》载："尤善事内官，在翰林日，引唐故事，奏内供奉官蓝敏政为学士使，内侍裴愈副之。上览奏，谓曰：'此唐室弊政，朕安可蹈此覆辙？卿言过也。'洎惭而退。"作为文人的张洎，巴结宦官也要引用故事。

苏轼在讨论科举制度的上奏中，对有人"欲举唐故事，采誉望而罢封弥"进行了批驳。此见于《宋史·选举志》的记载。

也有皇帝引用故事，却遭遇士大夫抵制的情况。有件事情，苏轼正是当事人。《宋史·苏轼传》载：

> 英宗自藩邸闻其名，欲以唐故事召入翰林知制诰。宰相韩琦曰："轼之才，远大器也，他日自当为天下用。要在朝廷培养之，使天下之士莫不畏慕降伏，皆欲朝廷进用，然后取而用之，则人人无复异辞矣。今骤用之，则天下之士未必以为然，适足以累之也。"
>
> 英宗曰："且与修注如何？"琦曰："记注与制诰为邻，未可遽授。不若于馆阁中近上帖职与之，且请召试。"英宗曰："试之未知其能否？如轼有不能邪？"琦犹不可。及试二论，复入三等，得直史馆。轼闻琦语，曰："公可谓爱人以德矣。"

这段记载很值得玩味。英宗还是在皇子时代便已久仰苏轼大名，即位之后，就想引用唐朝故事，直接提拔苏轼为知制诰，担任他的秘书官。在宋代，知制诰再进一步就是翰林学士，是精英中的精英，宰相与执政大臣多由此出。不过，皇帝引用故事的提案，却遭到宰相韩琦的反对。他认为这样提拔过快。犹今日所言，是坐直升飞机。韩琦说，这样不但不会给其他士人做出榜样，反倒还会害了苏轼。英宗达不到这个目的，又提议让苏轼担任记注，韩琦又反对，说这跟担任知制诰差不多，不如给个帖职。即使是这样提议，韩琦也还是附加了条件的，让苏轼参加考试。英宗很担心苏轼考不好，但韩琦却固执地坚持。英宗只得依从宰相韩琦。结果，苏轼考得还真不怎么好，得了个三等，勉强过关当了直史馆。后来，苏轼还自我解嘲地对人说，宰相韩琦这是为我好。

从上述宰相与皇帝的博弈中，可以窥见在一定时期内中央政治权力消长之一斑。处于弱势的皇帝，即使是搬出故事，也难达目的。

* * *

援引故事，古为今用，这是拥有知识优势的士大夫所擅长的。在崇尚典籍、尊重文化的时代，在法先王向后看的传统压倒一切的时代，应用故事，会使士大夫的施事进言显得典雅博学，有据有力。这便形成一种别致的压迫，使人难以不从不听。即便不从不听，也一定要有充分的理由。

不过，故事的应用也具有多目的，多背景。在很多状况下，也成为政治角力、权力博弈的工具，发生着正面或负面的影响。

应用故事的传统让古代的史学变得格外发达，《资治通鉴》就是故事集大成的范本。不过，故事不光只起到镜子的作用，而且具有工具效能。

* * *

为何故事可以超越王朝？为何故事让隔世君臣奉为法宝？

这背后可以揭示出的秘密是，悠悠千年，无论江山如何鼎革换代改朝，无论城头如何"变幻大王旗"，帝国只有一个，直到20世纪初叶，都未曾消失。尽管有变异，而更多的则是遗传。

政策的延续性，不仅让官僚认同，也让老百姓深信不疑，而不管皇帝赵钱孙李姓甚名谁。举个明显的例子。秦始皇在公元前213年发布挟书令，嗣后焚书坑儒。到了公元前191年，汉王朝已经矗立了12年，才将挟书令废止。在这道前朝政令废除之前，民间深藏的"诗书百家语"一直不敢拿出，埋在地下，砌在夹壁墙中。政令废除，古书纷出，才有了千年不息的今古文之争。

超越了王朝，政策的延续，让故事一直不故，推陈出新，就像一种西药的名字：长效磺胺。

宋代皇帝如何读《通鉴》

前些日子，伴随着张国刚先生《〈资治通鉴〉与家国兴衰》的出版，出现了一阵《资治通鉴》热。那么，宋人是如何看待和阅读《资治通鉴》的呢？特别是，皇帝又如何阅读的呢？最近整理古籍，接触到了相关的史实，披露于下，以飨同好。

南宋有名的文人刘克庄编纂的《玉牒初草》卷上嘉定十一年三月丁酉有一条记事，不是记载经筵讲读，而是对经筵讲读的回顾：

> 徐应龙等奏，进读《通鉴》彻卷，乞宣付史馆。并从之。

奏疏是讲，在经筵上，《资治通鉴》已经读完了，请将这件事传达给史馆，记录到史书中。

寥寥数字平淡的记事背后，其实隐伏着令人惊叹的事实。《玉牒初草》只是记事，没有录入奏疏原文。翻检宋朝的档案资料汇编《宋会要》，则全文录入了徐应龙等人的奏疏以及宁宗的批示：

（嘉定）十一年三月二十六日，太中大夫、守尚书吏部侍郎、兼修玉牒官、兼侍读徐应龙，朝奉大夫、新除尚书礼部侍郎、兼同修国史、实录院同修撰、兼侍读袁燮，朝请大夫、试右谏议大夫、兼侍读黄序，朝奉郎、殿中侍御史、兼侍讲李楠，朝奉郎、右正言、兼侍讲刘棠，中奉大夫、行起居郎、兼中书门下省检正诸房公事、兼玉牒所检讨官、兼权工部侍郎聂子述，朝散郎、行起居舍人、兼国史院编修官、兼实录院检讨官、兼太子侍读宣缯言："仰唯皇帝陛下天资冲澹，唯性高明。日御讲筵，就学不倦。经籍奥义，以次咨访，罔有逸遗。自庆元戊午，至嘉定丙子，凡十彻章。虽商高宗典于终始，周成王学有缉熙，殆不是过。猗欤懿哉！甚盛德也。厥今《通鉴》进读，复告讫篇，非汲汲皇皇，畴克臻此！缅唯是书之作，昉我英宗，命司马光论次于中秘。起周威烈，下竟五代，研精极虑，穷竭日力，久乃克就，卷帙旷分，纲目井列，不但粹撷故实而已，盖将便清燕之观，示元龟之鉴也。裕陵钦承先志，宠以序文，谓：'天人相与之际，休咎庶证之原，威福盛衰之本，规摹利害之效，良将之方略，循吏

之条教，于是悉备。'显谟大训，炳若日星。怡燕后人，永永
无斁。陛下笃意此书，肆命劝诵，其闻善可为法、恶可为戒
者，或关宸听，有悟圣心，涣发玉音，动与理会。前后侍臣
之言，钦聆敬叹，不一而足。维庆元乙卯二月，实始启帙，
除东西魏、陈、隋及五季渎乱之事，有旨不读，自余纪载，
弗怠幡阅。逮嘉定戊寅季春，遂底终篇。陛下稽古之懋、典
学之勤，可谓同符祖宗，有光帝王矣。昔唐开元中，日选耆
儒侍读，以质史籍疑义，然而锐始怠终，徒文亡实。秉史笔
者犹且特书，以为美谈。矧陛下历览前代兴亡理乱之故，尊
所闻，行所知，首末唯一，顾可不登之汗简，以诏万世？
欲望睿慈，宣付史馆。"诏从之。（《宋会要辑稿》崇儒七之
三四）

这篇字数不少的奏疏，不仅披露的事实令人惊叹不已，讲述
的道理也可圈可点。

司马光主持编纂的编年史巨著《资治通鉴》，始自周威烈王
二十三年（前403）迄至五代后周世宗显德六年（959），记述
了16朝1362年的历史，凡294卷，字数逾三百万。从治平四年
（1067）置局始编，到元丰七年（1084）竣事成书，历时19年。
而我们从上述奏疏所披露的事实可知，在经筵上，宋宁宗和讲读
臣僚从庆元元年（1195）开讲始读，到嘉定十一年（1218）终卷

读毕，也是整整历时19年，与编纂时间居然完全相同。

　　《资治通鉴》尽管文笔生动，但篇幅过长，并且由于诸事纷杂，编年并记，对一件事的原委本末难以把握，比较难读。《资治通鉴》不易阅读，司马光本人也清楚，他曾经讲过："自吾为《资治通鉴》，人多欲求观。读未终一纸，已欠伸思睡。能阅之终篇者，唯王胜之耳。"（《宋史》卷二八六《王益柔传》）据司马光所知，只有王益柔一个人通读过他的《资治通鉴》，而一般慕名阅读的人，读不完一页，就已经哈欠连天了。观编纂者司马光如此"夫子自道"，我们不能不佩服宁宗君臣的19年经筵阅读。坚持19年，这需要君臣都有很大的毅力才能做得到。

　　为什么君臣肯花如此之大的功夫去读《资治通鉴》呢？从《资治通鉴》的命名便可以清楚，这是一部政治、历史教科书。历史是中国人的宗教，以史为鉴，不仅是古老的传统，并且是便捷易懂的途径。与王安石共同发动熙丰变法的宋神宗，很理解《资治通鉴》之于政治的重要性。前引徐应龙等人的奏疏援引了神宗御制序文中的几句话："天人相与之际，休咎庶证之原，威福盛衰之本，规摹利害之效，良将之方略，循吏之条教，于是悉备。"神宗认为，从天人之间的互动报应、善恶盛衰的本原，到施政的效果、军事乃至行政的借鉴，《资治通鉴》无所不包。为宁宗讲读的士大夫们进一步阐述了《资治通鉴》的意义："其闻善可为法、恶可为戒者，或关宸听，有悟圣心，涣发玉音，动与理会。"所载史实，正确的可以效法，错误的引以为戒，可以启悟君主，使之言行与天理相应。奏疏中的"动与理会"，对"理"的强调，很显然反映了庆元党禁之后勃兴的道学在经筵上的浸透。

对于《资治通鉴》的意义，为《资治通鉴》作注的宋末元初胡三省有更高层次的认识，他说："为人君而不知《通鉴》，则欲治而不知自治之源，恶乱而不知防乱之术；为人臣而不知《通鉴》，则上无以事君，下无以治民；为人子而不知《通鉴》，则谋身必至于辱先，作事不足以垂后。"（《新注资治通鉴序》）"《通鉴》不特记治乱之迹而已，至于礼乐、历数、天文、地理，尤致其详。读者如饮河之鼠，各充其量而已。"（《唐纪》开元十二年注）按胡三省的说法，《资治通鉴》不仅是政治教科书，更是包罗万象的百科全书。

南宋通鉴学大盛，有袁枢改编的《通鉴纪事本末》，有朱熹改编的《通鉴纲目》，更有众多的仿作、续作，如李焘的《续资治通鉴长编》、刘时举的《续宋中兴编年资治通鉴》等。可见，胡三省的归纳其实是反映了南宋人的普遍认知。正是由于有这样的认知，宁宗君臣才在经筵上坚持了19年的阅读。

从奏疏还可以了解到一个有趣的事实，宁宗君臣的经筵阅读，并非逐字逐句的阅读，稍稍做了一些有意的节略，"东西魏、陈、隋及五季渎乱之事，有旨不读"。宁宗在未读之前，怎么会知道这些章节记有"渎乱之事"？无疑是应讲读侍臣的请求而下旨的。因为侍臣讲读之前，事先需要认真备课。其时觉得这些章节"皇帝不宜"，所以才提出不读的请求的。由此可见，用什么内容做教材，如何教育君主，参与经筵的士大夫们是有着缜密心思和明确目的的。

对三百万言的19年阅读，宁宗很有成就感，不仅同意宣付史馆流芳后世，还大张宴席，款待陪伴他一同阅读的讲读官和相关人员。《玉牒初草》卷上在四月己未条载："以经筵进读《资治通鉴》终篇，赐宰执、讲读、修注官等燕于秘书省。"

从宁宗即位之始，士大夫们便通过经筵的方式，用《资治通鉴》给这位已经27岁的新皇帝上历史课和政治课，并且一上就上了19年。其间，士大夫政治以极致的权臣专权的形式，经历了韩侂胄和史弥远主政。思想文化领域则经历了庆元党禁和开禁，从此道学成为弱势王朝的精神支撑。后继的皇帝继承先皇的衣钵，大力提倡，还获得了颇有褒奖意味的理宗庙号。

除了上述君臣花费19年时光读完《资治通鉴》的奏疏，仅有两年记事的《玉牒初草》，在卷下的嘉定十二年还有一些涉及

《资治通鉴》的文字：

> （二月）癸卯，徐应龙因进读奏云："前读《资治通鉴》
> 所载仇士良事，陛下能记之否？"上曰："士良归老，语其徒
> 云，天子不可令闲暇，暇必观书，见儒臣则纳谏，智深虑远，
> 吾属恩薄而权轻矣。"应龙云："陛下能记此，天下幸甚。"

读了19年《通鉴》，不是读过就算了。老师不时还要抽查提问考试，看皇帝读过的内容忘记了没有。侍读官徐应龙提的这个问题很重要。宦官势力猖獗的唐代后期，老宦官仇士良在退休之际，把控制皇帝的不二秘诀教给了晚辈的宦官。这就是不能让皇帝闲下来。皇帝一旦没有吃喝玩乐的事情干，就要读书，就要见士大夫，就会纳谏，就会增长智慧，深谋远虑，自然就不会再重用我们，我们宦官就不能弄权了。作为士大夫的侍读官徐应龙要让皇帝记住宦官的险恶用心。临时的抽查，宋宁宗对答如流。于是老师表扬作为皇帝的学生说，记住了这样的内容，是全天下的万幸。

在宋代的士大夫们看来，作为教科书的《资治通鉴》实在是太重要了，读过之后，除了不时测验抽查皇帝是否牢记内容，而且还会反复读，温故知新。在《玉牒初草》嘉定十二年九月我们又看到了君臣共读《资治通鉴》的记载：

　　乙巳，徐应龙进读《通鉴》，至吴起为将，与士卒最下者同衣食，分劳苦。卒有病疽者，起为吮之。应龙奏曰："昔之将帅，与士卒同甘苦，得其死力。今之将帅，事掊剋而不恤士，欲其临危效命，得乎？唯陛下严戒饬之。"

古为今用，读史之际，关注的是现实。

　　或许《资治通鉴》给予皇帝最多的，并不是奋发有为，而是士大夫所期待的无为而治。如果从这一视点来看，士大夫的《资治通鉴》经筵讲读无疑是成功的。皇帝自律的平庸作为因素之一，带给南宋的是中期宁宗、理宗两代皇帝长达70年的平静岁月。70年的经济发展、文化建设以及百姓的安定生活，远远大于政治上的作为。

皇帝的穿衣问题

北宋宰相王曾在他的《王文正公笔录》中讲了两件事，都与皇帝的穿衣有关。第一件是他听来的：

> 太宗尝晚坐崇政殿，召学士窦俨对。上时燕服，俨至屏间见之，不进。中使促，不应。上讶其久不出，笑曰："竖儒以我燕服尔。"遽命袍带，俨遂趋出。

"燕服"，宋人李上交《近事会元》卷一有解释："燕服，盖古之亵服也，今亦谓之常服。""亵服"一词见于《论语·乡党》："君子不以绀缘饰，红紫不以为亵服。"何晏集解引王肃曰："亵服，私居服，非公会之服。"这个解释认为亵服就是家居时所穿的便服，相对于正式的朝服。不过，亵服二字给我的意象，总像是睡衣。当然，睡衣也可以说是便服的一种。

王曾记载宋太宗一天晚上召见学士窦俨，窦俨走到门口，从屏风的缝隙看到身着便服的太宗，便停下了脚步。宦官催促他，也不理会。太宗先是奇怪窦俨怎么迟迟不进来，后来醒悟到，是由于自己穿着燕服的缘故。便苦笑着抱怨了一句："这酸书生是嫌我穿着燕服呢！"抱怨归抱怨，太宗还是立刻换上了正式服装。这时，窦俨才一路小跑进了房间。

另一件事，是王曾亲身经历的：

> 祥符中，予初为学士。一日，真宗承明再坐召对，亦方燕服，对回至院，忽中使传宣抚谕曰："适忘袍带，卿无怪否？"予惶恐，降阶将谢，中使复称有旨，曰："上以是为愧，勿俾称谢及具奏来，他日亦不可面叙。"二圣优礼近侍，不亦至乎？

在"再坐"一句之后有注释说明道："承明直崇政之南，每崇政殿听朝罢至此，谓之倒坐；御膳毕，复坐，谓之再坐。"这表明，真宗召见王曾的时间是晚饭之后。在召见之后，王曾回到了值班的学士院，这时，真宗身边的内侍又追了过来，传达真宗的话说，刚才我见你的时候，没有穿着正式服装，你不会见怪吧？对此，王曾有些诚惶诚恐，不知所措。大概真宗料想到王曾会有这般反应，于是又有话留给内侍，叮嘱内侍告诉王曾，皇帝对这件事感到不好意思，不要对道歉口头致谢，不要上奏致谢，以后见面时也不要致谢。王曾感慨道，父子两代皇帝尊重学士这些高级文人，真是做到家了。

言行是现实的反映。皇帝不穿便服见学士，不仅反映皇帝的教养和对礼仪的遵守，更折射出士大夫在政治舞台上整体地位的上升。在"与士大夫治天下"的背景下，对共治天下的士大夫，皇帝必须持有相应的尊重。

不过，具体比较看似类似的两代皇帝的穿衣事件，还是有些区别的。前者太宗被动，在更衣之前，还抱怨地嘟囔了一句。后者真宗则是相当主动，不仅让内侍立刻前去道歉，还周到地想到不让王曾对道歉称谢。两者在行为上的区别，既反映了接受过正规帝王教育的真宗与由武人转向帝王的太宗的不同，更反映了士大夫政治在真宗朝全面实现的强势背景。因此，根据王曾的自述，《宋史·王曾传》又将情节具体化，大加渲染：

> 帝尝晚坐承明殿，召对久之，既退，使内侍谕曰："向思卿甚，故不及朝服见卿，卿勿以我为慢也。"其见尊礼如此。

这是史官借此事为后世君主制造的"祖宗法"，要求后来的皇帝也须照这个样子做。

相传有人把于右任书写的"不可随处小便"告示顺序加以改动，然后作为墨宝收藏。顺序改动后，原文变成"小处不可随便"，点化成人生格言。从上述小事可见，在过去，即使贵为皇帝，也不可能天马行空，为所欲为，在穿衣戴帽这样在平常人看来的寻常小事上，也不能不加注意。

小处不可随便。

传国玺的意义

绍圣五年（1098）五月初一这天，宋哲宗发布德音，宣告明年改元为元符。明朝以前，一个皇帝在位期间，未必只使用一个年号，有祥瑞、灾异，或是根据政情状态试图一新政治，都往往会改元，表示开始一个新的起点。明代以后，才像日本的天皇一样，"一世一元"，一个年号皇帝用到死。

上面说到，皇帝改元必有缘故。那么，在充满争议中维护王安石变法的哲宗，在经历了从"元祐"到"绍圣"之后，为何要改元呢？这其中除了有深刻的政治背景之外，还有具体的触因。这里有一个故事。

绍圣三年（1096）冬天，古都长安的一个农民在挖地的时候，挖到了一方碧绿的玉玺。那时除了士大夫有收藏金石古玩的雅好，普通民众还没有买卖文物的意识。这个农民把这方玉玺献给了国家。当然，有无奖励好像没有记载。

审视玉玺，朝廷中有两个官僚认为这就是秦朝的国玺，汉朝也拿过去当作传国玺的那个物件。这方传国玺为历代所宝重，不过在五代战乱时却亡失了。这两个官僚说，传国玺的再度面世，是因时而出。这样的说辞，给传国玺再现这件事罩上了一层重大的政治意义。对缺乏政治自信的哲宗来说，无疑是一针强劲的兴奋剂，胜过其祖先真宗那伪造的天书。

不过，哲宗还比较谨慎，担心若出于伪造，将来闹笑话。他指示礼部、御史台、学士院、秘书省、太常寺这几个有关部门组成联合鉴定组进行认真鉴定。宋代的士大夫学问还是不错的，以后来徽宗朝担任了宰相的蔡京为首，很快就提交了鉴定报告。

官员们是如何鉴定的呢？他们是根据玺印的文字做出的认定。他们考证，印文是"皇帝寿昌"的，是晋朝的国玺；印文为"受命于天"的，是后魏的国玺；印文是"有德者昌"的，是唐朝的国玺；"唯德允昌"的印文则是五代后晋的国玺。而这方玺印的文字为"受命于天，既寿永昌"，则无疑是秦朝的国玺。这个权威鉴定，给这方玉玺赋予了最宝贵的价值。

鉴定结果让哲宗大喜过望。经过一系列筹备，在绍圣四年
（1097）五月初一这一天，哲宗临御大庆殿，举行盛大的受宝朝
会典礼，以德音的方式昭告全国，明年正月初一改元元符。

这就是元符改元的原委。见于周必大《文忠集》卷一五《题
五代应顺年堂临本》的题跋：

> 本朝绍圣三年十二月，长安村民段义掘地得玉玺，正绿
> 色，以献于朝。蹇序辰、安惇等皆言："此秦玺，汉以为传国
> 宝，自五代亡之，今为时而出。"寻诏礼部、御史台、学士
> 院、秘书省、太常寺讲求定验。于是，蔡京等奏："考之玺
> 文，'皇帝寿昌'，晋玺也。'受命于天'，后魏玺也。'有德
> 者昌'，唐玺也。'唯德允昌'，石晋玺也。（原注：即出帝献
> 契丹者）今云'受命于天，既寿永昌'，其为秦玺无疑。"哲
> 宗皇帝遂以五月朔御大庆殿受宝行朝会礼，仍降德音于诸道，
> 改绍圣五年为元符元年云。

一个农民挖出一方古玺，引出一系列郑重其事的政府行为。

一方前朝国玺，何以具有如此重大的意义？因为对于一个王
朝来说，这是重要的象征。然而，这一象征性并未因王朝消亡而
消失，中华帝国的连续性，法统的正当性，都凝聚在这方传国宝

玺之中。从《皇清开国方略》卷二一，我们可以看到，清初在获得传国宝玺时，郑重地昭告祖先，书中这样写道："自古受命之主，必有受命之符。"传国宝玺就是显示正统性的受命之符。清人还强调"历代玉玺传自汉代距今二千余年"，其实也是刻意诉说帝国的连续性。

始自秦皇，帝国只有一个。以往的历史研究过于注重王朝兴替。改朝换代的断裂，遮蔽了政制乃至法统的连续性。改朝换代的新王朝为何往往多用前王朝的封号作为国号？其实，这种权力来源的合法性所昭示的王朝正统，也表明了帝国的连续性。王朝，只是历史长卷的一个个自然段，并未显示历史演进的逻辑关系。

历代注重传国玺，意义盖如上述。除此之外，观察周必大题跋所述历代传国玺的文字内容，似乎还有其他值得玩味的思想史意义。

我们把周必大提及的这几个不同时代的传国宝玺按时代顺序排列，来略加观察。

秦朝首创的国玺是八个字："受命于天，既寿永昌。"这八个字除了强调王朝奉天承命的法统正当，还祈祷王朝的永世延续。

"寿"字的意指，不仅是王朝，还包括皇帝本人的万寿无疆。

后魏的国玺，周必大转述蔡京等人奏疏，为四个字"受命于天"，强调的是天命所归。

晋朝的国玺为"皇帝寿昌"，把秦朝包括王朝万世永续的含义缩小到只为皇帝的长生不死祈祷。

唐朝的国玺为"有德者昌"，强调的是道德自信。

效仿唐朝，五代石晋的"唯德允昌"，也强调道德与国运长久的关联。

仅仅从这几方国玺的文字内容观察，伴随着时代变化，国玺也由单纯的奉天承命转向道德昌运。思忖这一变化的产生，似乎折射了天命意识的变化。较之虚幻无力的天命说教，为政以德似乎更能聚拢人心。德政的主要内容就是重民。而民本思想正是先秦以儒家为主的思想家的主张。由天到德，似乎也反映了伴随着汉代以降儒学国教化的进程，儒学在政治领域的浸透与影响。

当理想付诸现实

元丰改制，从制度建设的层面看，使北宋施行了百年以上的中书门下决策体制发生了巨变。

改革的始初推力之一，不能说不是锐意改革的宋神宗意志。对于中央决策机制，憧憬唐朝官制的神宗，决意要回归"中书取旨，门下审覆，尚书受而行之"这样《唐六典》所规定的轨道上去。不能否认，这一充满反馈机制的决策程序是一种近乎理想的程序。因此，在士大夫与君主共治的政治环境下，士大夫认可并接受了主要出于皇帝意志的官制改革设想，并具体付诸实施。

跟《周礼》的官制设计一样，三省制其实也是一种理想化的静态设计，犹如在无菌状态下实施手术。理想的制度一旦付诸实践，加入了人的活动因素，便增加了很大的变数。正是这些变数让理想的制度变形、扭曲，无形中遵循力学原理，为强力所牵引。

元丰改制实施于一个特殊的背景下，即充满争议的王安石变法之后。一个理想化的制度，在党争活跃的背景下，投入到现实，其施行状态可想而知。

士大夫政治的模式是君臣共治。各种政治力量获取皇帝的支持至关重要。元丰改制后，左仆射兼门下侍郎和右仆射兼中书侍郎均为宰相之任。左尊于右，左仆射为首相，右仆射为次相。于是，一个怪现象便出现了，由于右仆射带中书侍郎，有取旨之权，也就是有跟皇帝商议之便，反而形成次相实权重于首相的局面。副相中的中书侍郎，也比门下侍郎有权。

在改制之初，王珪为左仆射，蔡确为右仆射，蔡确实权在握。尽管有三省同进呈取旨的规定，但为蔡确所阻挠，从而实际形成了中书单独取旨的形态。王珪死后，蔡确成为左仆射，韩缜成为右仆射。蔡确明升暗降，失去实权。在党争的背景下，各派看重的是中书省单独取旨权，权重的中书侍郎成为角逐的对象。

理想的制度为党争所利用。

反对呼声过大，各集团势力需要均衡，神宗去世后，实行五年的"中书取旨，门下审覆，尚书受而行之"被事实上废止，转而实行三省同进拟同取旨。这实际上又回归到改制前的中书门下决策体制上去了。

任何事物都有其存在的理由。神宗执着于三省制，其实是对唐朝制度的误读。"中书取旨，门下审覆，尚书受而行之"只是停留于《唐六典》书面上的制度设计。按吕公著所言，"唐太宗用隋制，以三省长官共议国政，事无不总，不专治本省事"。可见，《唐六典》的设计并未实际施行，而入宋后的中书门下决策体制，则正是对实际唐制的沿袭。

然而，尽管后来又实行三省同进拟同取旨，元丰改制毕竟造成了中书省权重的势态，因此作为宰相都希望把持住中书侍郎的头衔，这就是宁可做有权的次相，也不愿做权力不大的首相。到了元祐四年，吕公著还有这样的表示。后来，设置平章军国重事和平章军国事，都是为了解决这个问题，对中书省独大进行钳制。

元丰改制，给中央决策机制造成了一定的紊乱，也给党争提供了利用的机会。因此，司马光临死写下"乞合中书、门下两省为一"的奏章，他要求说："欲乞依旧令中书、门下通同职业，以都堂为政事堂，每有政事差除及台谏官章奏，已有圣旨三省同进呈外，其余并令中书、门下官同商议签书施行。事大则进呈取旨降敕札，事小则直批状指挥，一如旧日中书门下故事。"

中书门下都堂合议制，是一种集体领导的制度，北宋承袭唐制，实行了一百多年，在元丰改制一时变更之后，又不得不恢复，而到了南宋，则成为不易之制。北宋后期蔡京效仿王安石制置三司条例司，通过另外设置都省讲议司，超越三省，攫取了最高权力，对于三省制和中书门下制来说，都是一种变例。但蔡京的长期专权，无疑成为嗣后南宋权相的"榜样"。蔡京开创的是权相的祖宗法。

元丰决策体制改革，呈现出理想与现实的冲突。无论理想还是现实，遵循事物自身规律，顺其自然，方可行远。

房价与国家调控

　　不动产经营，古已有之。经营不动产，既有民营，也有官营，还有寺观等宗教团体经营者。这里述及的，只是官营不动产中的房屋租赁。因此，这里的房价，亦非房屋价格，而是指房屋租赁价格。

　　最近，因震灾而推迟开学，校订已久却半途而废的《隆平集》，又被我重新拾起。在卷三《爱民》一栏，读到了这样一则记载：

　　　　景德中，有司言，京师民僦官舍居，人获利多而输官少，乞增所输，许夺赁。若人重迁，必自增其数。

　　这当是来自专门管理官房租赁事务的店宅务的报告。报告说，京城的居民租赁官营房屋，因为价格低廉，所以官府收入过少，请求提高租赁价格。如果不按提价后的房价缴费，希望允许剥夺住户的居住权利。这样一来，如果住户不愿意搬迁，必然会按新价缴费。

景德是北宋第三代皇帝真宗的年号。我们来看一下宋真宗接到报告后的反应：

> 上曰："岂不太刻耶？先帝屡常止绝，其申戒之。"

宋真宗的反应是，这样的做法太过于刻薄，缺少仁慈。他祭出祖宗法，说这样的事在太宗时曾屡屡加以制止，要求宰相提醒告诫有关部门。

记录北宋史事的李焘《续资治通鉴长编》在卷六五景德四年三月甲午条，也对此事有记载：

> 上闻京师民僦官舍安居久，复为增直者夺赁，谓左右曰："此岂不太刻？先帝屡曾止绝，今当申戒有司，无使复然。"

同一件事，《长编》的记载，较《隆平集》日期明确。仔细读来，也与《隆平集》有所不同。似乎真宗得到的不是请求报告，而是听到了事情的结果。即房屋涨价，一直住在那里的住户被中止租赁，赶了出来。真宗要求纠正这样的做法。

官营房舍租赁，一般说来会比民间价廉。日本现在也有市营、县营和国营的都市住宅整备公团的房屋租赁，皆比民营便宜得多，因此也有经营困难的状况发生。不知上述宋朝官员请求租房提价是不是也是出于经营困难。不过，从上述两则记载看，似乎不像是出于经营困难，而是着眼于盈利。

自古以来，下属官员以刻民攫利来取悦上司或朝廷的，多有人在。由此引发的规模不等的社会动荡，也时有发生。因此，财政困难不到山穷水尽的地步，下属官员的刻民攫利一直是被制止的。历代统治者大多还是知道"民不足，君孰与足"的简单道理的。

宋真宗为何对京城房屋提价之事如此敏感警觉，立即加以制止呢？

一个直接的原因是，当时京城官营房屋租赁的规模相当大。据友人程民生先生的《宋代物价研究》（人民出版社，2008年）一书引述《宋会要》的资料统计，在北宋真宗朝后期的天禧元年（1017）的时点，店宅务出赁的房屋共有23 300间，每年收取赁金 140 090 贯，平均每间每天为 164 文，每月为 4 贯 491 文。

天禧元年是上述提价事件发生的十年后。因此这一房价的记载应当是接近的，不会有太大波动。如此大规模的经营，提高房价，肯定会牵一发而动全身，在首善之区的京城引起动荡。倘若民间等其他不动产业也效尤，群起涨价，社会动荡的波纹还会扩大。并且这也是关系到政府形象的大事。所以宋真宗敏感警觉，当即加以叫停。

翻检史籍，关于官营不动产的国家调控，还不止这一条记载。同是在真宗朝，《长编》就有下述几条记载。

卷六七景德四年七月丁卯条：

令永安县民僦官舍钱减其半，永为定制。

这是上述京城房屋涨价事件发生的几个月后。因何原因租金减半不详，但似乎与上述事件有着逻辑上的关联。举一反三，对地方的官营房价也进行了政策性调控。

卷七六大中祥符四年九月辛未条，记载因为阴雨连绵，下令：

> 京城民僦官舍者，免其直三日。

前面提及，京城官营房屋租金，一天平均164文，三天就是492文，以近半吊。根据民生兄的研究，北宋时期一般下层百姓一天平均收入也就是100文。熙宁二年（1069）十一月，开封大雪，朝廷下令救济："令籍贫民不能自存者，日给钱二十文。"二十文的消费，当是在京城生活的底线，最低标准。因此，减免近500文，实在是施惠于民。

卷七七大中祥符五年五月载：

> 丁丑，诏滨、棣州民，僦官舍及屋税、盐钱，并减其半，俟水落仍旧。

这是前述减免京城房租三日的第二年，同样是因为水灾而对地方官营房租进行减免。

"安得广厦千万间，大庇天下寒士俱欢颜。"衣食住行，为生活之不可或缺，非为细事。宋代第一位以正常方式继统的真宗，仅就住房问题屡屡实施惠民政策，的确是从精神到物质的仁政。这样做，既维护了社会稳定，又深得人心，树立了仁君形象。

　　古代官营，固然也有牟利之目的，但并不是主要的。主要还是着眼于调控市场，维持民生，稳定社会。除了住房，食盐贩卖也体现了这一宗旨。《隆平集》卷三《爱民》中还有这样一条记载：

　　　　上封者言：川陕官盐价贱，民间倍之。请增其直，免失厚利。上曰："官直贱，民间尚贵。上更增直，下益阙矣。"不许。

　　官盐贱，民盐贵。有些官员也想提价，目的当然是想为国家获利。不过，一旦官价上涨，民价必然更会上扬。同样是宋真宗，防微杜渐，制止了官盐调价。

　　无论是计划经济，还是市场经济，政府都有调控的空间。

　　刻民与爱民，是政府永远的课题。

"元首丛脞万事堕"

读司马光《稽古录》。卷四《有虞氏》下云：

元首丛脞哉，股肱惰哉，万事堕哉。

这是皋陶应答帝舜唱的歌。司马光的《稽古录》，记载三代的历史，许多都是对《尚书》的采录和解释。上面皋陶唱的歌见于《尚书》的《虞书·益稷》，文字完全一样。关于这几句歌词的意思，现存最早的《尚书》汉代孔安国传云："丛脞，细碎无大略。君如此，则臣懈惰。万事堕，废其功不成。歌以申戒。"司马光在这几句歌词之后，以注释的形式也做了解释：

丛脞，细碎无大略。明主好要，暗主好详。主好要则百事详，主好详则百事荒。君既不知治要，躬亲细务，则大臣无所事事，皆解体不为用。万事非一人可治，故皆堕坏。

从原文的意思以及汉代孔安国和宋代司马光的解释看，歌词讲的是领导方法。要求君主要抓大事，抓要点，不要亲自去做那些细碎的小事。如果君主总是热衷于做这样的小事，下面各个部门的官员就会无所事事，变得懒惰，反而会耽误了大事。

对于这一层面的意思，宋代的解经家反复申说。宋人夏僎《尚书详解》卷五云：

> 元首细碎，不务大体，侵臣之职，如后之人君兼行将相，则为人臣者，知人君任之不专，必怠惰不共乃事，万事从而堕坏矣，在帝又不可不戒？

宋人时澜编《增修东莱书说》卷四归纳吕祖谦的话说：

> 君道在于无为。侵臣之职，则丛脞哉。丛脞者，不知纲领之谓也。

朱熹订定过的蔡沈《书集传》卷一云：

> 言君行臣职，烦琐细碎，则臣下懈怠，不肯任事，而万

事废坏，所以戒之也。舜作歌而责难于臣，皋陶赓歌而责难于君，君臣之相责难者如此。

南宋宰相史浩在《尚书讲义》卷四也解释说：

> 若元首不明，则自圣而轻，臣下自用而昵谀谀。细事必亲，徒尔丛脞，而大事不举，失其机会。股肱在位，充员苟禄，无所建明，万事安得而不隳？皋陶之戒，可谓不阿人主矣。

以上，不厌其烦地引述了不少解经的言说，是想阐释历代解经家对《尚书》这几句歌词解释时发挥的深意。

自秦历汉，皇帝制度确立之后，伴随着政治体制的日臻完备，皇帝作为行政长官的角色开始淡化，至高无上的皇权，逐渐由实体性向象征性转化。从宰相到各个部门的官僚，在处理行政事务时，不希望皇帝进行具体干涉。君有君道，臣有臣职，各司其事，不能彼此干预。君主如果事事躬亲，件件过问，用上面引述的话说，是"侵臣之职"，是"不知纲领"。对于君主的这种行为，臣子会进行责难的。而责难的理论依据，就是儒学经典《尚书》的上述歌词。

日臻完备的政府行政机能，排挤了皇帝权力，让皇帝在行政运作中成为"多余的人"，仅具橡皮图章般的象征意义。这是传统社会皇帝所遭遇的尴尬，是一种无奈的客观现实。然而，作为一个活生生的人，皇帝又不甘心仅仅具有象征性，其家天下的传承，其至高无上的权威，又让他时不时想伸手，去干涉具体行政事务。皇帝的具体干涉，是官僚们最不希望出现的事端，因此，他们要在君主制政体之内，对君主加以限制，将皇权限制在象征性的范围之中。从汉代开始，走向国教化的儒学具有了崇高的地位。于是，《尚书》中的上述歌词便被大加发挥，成为限制君主干涉具体行政事务的最为有力的理论资源。

宋代是士大夫政治主宰的时代，"道理最大"，儒学经典的地位被高度尊崇。经典中限制君权的思想作为理论资源也得到了充分地发掘。说过"民为贵，社稷次之，君为轻"和"责难于君谓之恭"的孟子，正是在这个时代，著作上升为儒学经典。上面引述的解经之语，多数也是出自宋人之口。

在这些宋人中，不仅有经学家，更有政治家。北宋的司马光、南宋的史浩，都是位极人臣的宰相。南宋还有一位宰相政治家周必大，通过为人撰写墓志铭，以宋代的政治状况，讲述了与《尚书》同样的认识。周必大在《龙图阁学士宣奉大夫赠特进程公大昌神道碑》中写道："上（孝宗）又问：'卿更有何事为朕言之？'公（程大昌）曰：'事有大小，有先后。今四方狱案必经圣览，大臣因是亦困省阅，何暇议大事、急先务乎？'"孝宗想揽权，事无巨细，什么都要亲自批阅，大臣们疲于应付皇帝，从而无暇处理急务，商议大事。对此程大昌直言相谏，提出了批评。宋孝宗还真的听从了批评，接受了程大昌的建议。周必大的记载是"迄如公言"。周必大在另一篇《文华阁直学士赠金紫光禄大夫陈公居仁神道碑》中也记载了陈居仁和宋孝宗的对话："又论人主当执要，毋亲细务。上曰：'亦觉丛脞，他人未尝及。'"这里，宋孝宗把陷于琐碎事务也称为"丛脞"。神道碑选择什么事项记载，无疑也反映了载笔者的认识。皇帝不要大权独揽，要群策群力，《尚书》的精神也是程大昌和周必大等宋代士大夫的一致认识。

他们与经学家的解释同声相应，可见把君主排除于行政事务之外，当属宋代士大夫的共识。

"元首丛脞哉，股肱惰哉，万事堕哉"，《尚书》中几句讲述领导方法的普通歌词，在特定的时代背景之下，被大加发挥，居然成为推动走向皇权象征化的一个理论依据。"一切历史都是当代史"，理论亦可古为今用，信然。

《稽古录》的记事范围尽管超过了《资治通鉴》，但大部分内容可以说是司马光自编的"通鉴纲目",读者对象主要是皇帝。《尚书》有很多内容,采录什么入书,司马光自是有自己的考量。这种考量无疑又带有时代的印记。《尚书》这几句话,可以教育君主无为而治,有益于限制皇权,因而为司马光所采录。

跟着司马光读《尚书》,很有趣。

范仲淹因何赋《灵乌》

小　引

范仲淹借赋灵乌，喊出了"宁鸣而死，不默而生"。这实在是高亢的时代强音，反映了那个时代士大夫的精神风貌。仲淹因何赋灵乌，又因何发此声，背后有故事。

在范仲淹写下这句"宁鸣而死，不默而生"的《灵乌赋》前面，有一短序：

> 梅君圣俞作是赋，曾不我鄙，而寄以为好。因勉而和之，庶几感物之意，同归而殊途矣。

由此序可知，是梅尧臣先有灵乌之赋，仲淹因而酬和。那么，梅尧臣为何写下这样一篇《灵乌赋》赠给范仲淹呢？追寻之下，可以牵出一个惊心动魄的大背景。那是在和平时期政坛上发生的惊天动地的大事件，而主角正是范仲淹。

背 景 追 踪

景祐二年（1035），因集结谏官御史反对宋仁宗废黜皇后而被贬谪到外地的右司谏范仲淹，被召回朝廷，升擢为天章阁待制这样清要的侍从之职，不久又被任命为相当于北京市长的权知开封府。

此时朝廷中主政的，依然是当年在废后事件中设计将范仲淹一干人贬逐的吕夷简。据说让范仲淹担任权知开封府是宰相吕夷简的主意。因为范仲淹回到朝廷后，"言事日急"，甚至把炙手可热的宦官阎文应都扳倒了。曾有过节的吕夷简担心范仲淹会把矛头转向自己，便让范仲淹担任了这个政务丛杂繁忙的职务，期冀他陷于事务堆中，无暇上言。

历代天子脚下的京师，号为难治，正所谓京官难当。不过，吕夷简还是低估了范仲淹的能力。范仲淹不仅将烦剧的政务处理得井井有条，还游刃有余，编了多达七百多卷的狱事汇编。在当时的开封，便流传着这样的民谣："朝廷无事有范君，京师无事有希文。"空穴而来风，事出皆有因，貌似民谣的舆论，实际上往往是同气相求同声相应的民意制造。这样的民谣反映的是，同道对在政坛声名鹊起的范仲淹的期待。

京师"肃然称治"后，吕夷简企图使范仲淹"不暇他议"的希望落空。从繁琐事务中抽出身来的范仲淹，果然不负时望，对长期专权的宰相吕夷简发起了进攻。

范仲淹向仁宗递上一份百官图，指责宰相对官员任免的把持，认为这些权力应当归于皇帝。20世纪80年代我曾在论文中写道，士大夫总是敏感地平衡皇权与相权的消长。皇权过强，则主张抑制皇权；相权过盛，则主张打击相权。看似矛盾的言论，实则反映了不同时期的不同政治诉求。

摄政的刘太后死后，继位10年之久的仁宗终于亲政，不过年轻的皇帝还是难有作为，实际权柄把持在首相吕夷简手中。范仲淹的进攻也反映了多数士大夫平衡皇权与相权的认识。此外，吕夷简长期为相，积怨甚多，范仲淹把矛头指向他，也颇得民意，特别是颇得士大夫中少壮派的民意。

百官图其实就是一张官员升迁序列图，在清末民初还流传有作为游戏玩的百官图。但这份范仲淹诠释版的百官图，带有明确的剥夺宰相权力的意图。因此史料记载说"夷简滋不悦"。就是说，加上范仲淹以前的言行，让吕夷简越来越不高兴。

冲突还在继续。迁都之议起，范仲淹反对。当仁宗问起这事时，吕夷简说了句："仲淹迂阔，务名无实。"君臣间的私下议论，还真有传话的。这句话很快就传到了范仲淹的耳中。范仲淹针对吕夷简的评价，一口气写下四篇文章，呈送给仁宗。这就是《帝王好尚》《选贤任能》《近名》《推委》。篇篇针对吕夷简而发。

大概范仲淹觉得这四篇文章还像是泛泛而论，不够有力，于是又直接上奏说："汉成帝信张禹，不疑舅家，故终有王莽之乱。"非常明确，范仲淹用西汉成帝信任的大臣张禹坏家法最终酿成王莽之乱的历史教训，来影射吕夷简。并直指："臣恐今日朝廷亦有张禹坏陛下家法，以大为小，以易为难，以未成为已成，以急务为闲务者，不可不早辨也。"南宋吕中的《大事记讲义》卷一〇在引述这些话时，就直接点明："指夷简。"

范仲淹的反击终于彻底激怒了吕夷简，史籍记载"夷简大怒，以仲淹语辨于帝前"。不仅如此，吕夷简又罗织了新的罪名，"诉仲淹越职言事，荐引朋党，离间君臣"。从这样的指控中，可知范仲淹只是众多朋党的一个代表。就是说，他与吕夷简之间的较量，并非个人成见之争。

面对吕夷简的指控，范仲淹进行了更为激烈的反击。"仲淹亦交章对诉。"最后史书记载"辞愈切"。这意思是说，话已经说得出了格。于是，在跟宰相的力量对比中处于弱势的范仲淹，又迎来了走上仕途以后的第三次贬谪，落职知饶州。处理范仲淹是杀鸡儆猴，是吕夷简对自己的反对势力进行的警示，他"以仲淹朋党榜朝堂"。

对范仲淹这样的处理，对反对派借助皇权进行公然打击，引起范仲淹的少壮派同党激烈反弹。一场不屈不挠前赴后继的抵抗于是乎开始。

首先是集贤校理余靖上疏，说范仲淹"以一言触大臣，遽至黜逐，非朝廷福"，并直指仁宗"陛下自亲政以来，屡逐言事者，恐钳天下口，不可"。奏疏投进之后，便被落职贬为监筠州酒税。

继而馆阁校勘尹洙又上奏说："仲淹忠亮有素，臣与之义兼师友，则是仲淹之党也。今仲淹以朋党被罪，臣不可苟免。"看了这样的发言，"宰相怒，落校勘，复为掌书记、监唐州酒税"。

同为馆阁校勘的欧阳修看到台谏多为范仲淹辩护，唯有高若讷一人站在吕夷简一方，便写信斥责他"不复知人间有羞耻事"。高若讷将欧阳修的信上缴，于是欧阳修也被贬逐，出为夷陵县令。

稍后，馆阁校勘蔡襄作《四贤一不肖》诗，以范仲淹、余靖、尹洙、欧阳修为四贤，指高若讷为不肖。此诗一出，"都人士争相传写"，传诵四方，远达辽国。

担任左司谏、日后成为范仲淹重要政治盟友的韩琦也为范仲淹等人辩护。

正在为父守丧的苏舜钦还上疏表达了不满。

不管动机如何，无论是非与否，范仲淹表面上的失败，赢得了同情与人心，更在他的旗帜下集结了队伍。客观结果是，宋代大规模的党争从此开启。

梅赋《灵乌》

"卓有梅圣俞，作邑郡之旁。矫首赋灵乌，拟彼歌沧浪。"如范仲淹《鄱阳酬泉州曹使君见寄》诗中所述，就是这个时候，担任建德县令的梅尧臣给范仲淹写去了《灵乌赋》。

对此，宋人叶梦得《石林燕语》卷九有记载："范文正公始以献百官图讥切吕申公，坐贬饶州。梅圣俞时官旁郡，作《灵乌赋》以寄。所谓'事将兆而献忠，人返谓尔多凶'，盖为范公设也。故公亦作赋报之。"

赋收录于《宛陵集》卷六〇，不长，移录如下：

乌之谓灵者何？噫，岂独是乌也。夫人之灵，大者贤，小者智。兽之灵，大者麟，小者驹。虫之灵，大者龙，小者龟。鸟之灵，大者凤，小者乌。贤不时而用，智给给兮，为世所趋；麟不时而出，驹流汗兮，扰扰于修途。龙不时而见，龟七十二钻兮，宁自保其坚躯。凤不时而鸣，乌鸦鸦兮，招唾骂于邑间。乌兮，事将兆而献忠，人反谓尔多凶。凶不本于尔，尔又安能凶。凶人自凶，尔告之凶，是以为凶。尔之不告兮，凶岂能吉？告而先知兮，谓凶从尔出。胡不若凤之时鸣，人不怪兮不惊。龟自神而剖壳，驹负骏而死行，智骛能而日役，体劬劬兮丧精。乌兮尔灵，吾今语汝，庶或汝听：结尔舌兮钤尔喙，尔饮喙兮尔自遂。同翱翔兮八九子，勿噪啼兮勿睥睨，往来城头无尔累。

据洪迈《容斋随笔》续笔卷三《乌鹊鸣》记载，作为民俗，"北人以乌声为喜，鹊声为悲。南人闻鹊噪则喜，闻乌声则唾而逐之，至于弦弩挟弹，击使远去"。所以，梅尧臣以灵乌为喻，既对范仲淹的遭遇表示同情，又对范仲淹进行了好意劝谕。

梅尧臣在赋中写道："乌兮，事将兆而献忠，人反谓尔多凶。凶不本于尔，尔又安能凶。凶人自凶，尔告之凶，是以为凶。尔之不告兮，凶岂能吉？告而先知兮，谓凶从尔出。"拿今天的话来归纳就是，你的确是忠心耿耿进行吉凶预测，但别人却认为你在诅咒，带来噩运。噩运跟你无关，你又怎么能够带来。噩运本身存在，你告诉了，噩运也是噩运，你不告诉，噩运也不会化吉。你事先预测，却被指责为是你招来噩运。

因此，梅尧臣给范仲淹出主意："胡不若凤之时鸣，人不怪兮不惊。"就是说，你还不如像凤鸟那样偶尔发出点美妙的声音，也就没人怪罪你了。

在赋的最后，梅尧臣就告诫范仲淹，让他闭上嘴不要发言，甚至都不要去看，眼不见为净，好好过自己的日子，这样就不会受到牵累。

这是一般人明哲保身的正常选择。不过，显然不适合范仲淹。范仲淹目睹唐末五代以来士风浇薄，在士大夫政治业已形成的新形势下，力图砥砺士风，激发士大夫的责任感。范仲淹"发必危言，立必危行"，显然有矫枉过正之意在。

范 氏 酬 答

想象得到，看了梅尧臣的赋，范仲淹可能会皱起眉头。因此，就有了一篇反其意而和之的同名《灵乌赋》的诞生。

在赋前的短序中，范仲淹便表示了自己的不同意见，认为同是以物作喻，但"感物之意，同归而殊途"。而在赋中，也表达了与梅尧臣完全不同的理念。

范仲淹先以他人的口吻说："灵乌，灵乌，尔之为禽兮，何不高翔而远翥？何为号呼于人兮，告吉凶而逢怒？方将折尔翅而烹尔躯，徒悔焉而亡路。"意思是说，灵乌啊灵乌，你作为飞禽，为何不远走高飞。向人们预告吉凶，却惹人恼怒。如果把你折翅煮了，你可就后悔无及了。

接下来的内容，范仲淹完全模拟灵乌进行发言。

首先，范仲淹讲述了之所以预告吉凶的动机："长慈母之危巢，托主人之佳树。斤不我伐，弹不我仆。母之鞠兮孔艰，主之仁兮则安。"这反映的是范仲淹对朝廷的报恩思想。范仲淹报恩思想浓厚，我在《宋代士大夫主流精神论》中曾专辟一节，讲述范仲淹的报恩论。他在私人间的往来书信中多次表达过："某早以孤贱，荷国家不次之遇，夙夜不惶，思所以报。""自省寒士，遭逢至此，得选善藩以自处，何以报国厚恩？"

的确，范仲淹二岁而孤，母亲因生计无着，携其改嫁，过着一种寄人篱下的贫寒生活。青年时期，范仲淹在山间僧舍读书，饮食难济，一小盆粥冷冻之后分成四块，放一点韭菜和盐，便是一天之食。

在登进士第入仕之后，范仲淹的境况便顿然改观了。政治地位且不说，仅从经济收入看，当他还仅仅是大理寺丞、秘阁校理这样的小官时，据他自己说，一年的俸禄已相当两千亩地的收入了。"与士大夫治天下"的政治构架，决定了宋王朝优礼士大夫的政策。拿范仲淹的话来说，就是"朝廷用儒之要，异其品流，隆其委注"。

范仲淹在事业心与责任感指导下的言行，其源泉都是来自这种报恩思想。但范仲淹用一种特殊方式来体现他的报恩。这就是他在赋中写道的"思报之意，厥声或异"。不是感激涕零地唱赞歌，而是以远见卓识来进行意味深长的警示。此即赋中所云"警于未形，恐于未炽"。

"颂歌盈耳神仙乐"，乃人之常情。良药因苦口而不喜，忠言因逆耳而见拒。危机预告，灾难警示，多被视为危言耸听，甚至是恶意诅咒。正如鲁迅所言，在婴儿庆生之际，说长命百岁人皆乐闻，说这孩子一定会死则招人恼怒。而人生谁能免死？看来，即便是事实、是真理，也是不可随便说出口的。

因此，无论在梅尧臣笔下，还是在范仲淹笔下，灵乌的下场都很可悲。在赋中，范仲淹就讲："知我者谓吉之先，不知我者谓凶之类。故告之则反灾于身，不告之则稔祸于人。"

在经历了两难的困惑之后，范仲淹的选择是："主恩或忘，我怀靡臧。虽死而告，为凶之防。"即使是不被理解，即使是牺牲性命，我也要做这种危机预告，灾难警示，为了亲身参与的王朝的长治久安。"虽死而告，为凶之防"，所以他决意"宁鸣而死，不默而生"。这跟范仲淹在另一处所说的"如卞生献璧，不知其止，足虽可刖，而璧犹自贵"，可谓心志如一。这正可谓是一种有别于愚忠的特殊的忠诚。

我在前述《宋代士大夫主流精神论》中，曾这样写道："这种特殊的忠诚，在宋代士大夫中并不少见。翻检史籍，比比皆是。在一个人治而非法治的社会里，正是有了一大批像范仲淹这样具有特殊忠诚的士大夫，他们以自己的忠言谠论，将统治机制无法正常反馈的各种信息传递到决策层，用自己的前途乃至生命来为一个政权一次次纠偏正误。这种责任感与事业心，在今天看来，除了令人敬佩之外，更多的是让人们感受到一种悲壮。"

范仲淹其实也并不是不明白这样做会给自己带来灾难，而明哲保身则会皆大欢喜。在赋中，他先这样为自己设问："胡不学太仓之鼠兮，何必仁为，丰食而肥。仓苟竭兮，吾将安归？又不学荒城之狐兮，何必义为，深穴而威。城苟圮兮，吾将畴依？"随即设问，随即否决。太仓之鼠是可以丰食而肥，荒城之狐是可以深穴而威，但一旦粮仓淘尽，城墙倒塌，太仓之鼠、荒城之狐都会失去赖以生存之地。因此说，士大夫与参与的王朝同乘一条船，存亡与共。

这一点范仲淹认识得十分明确。最后，他坚定地表示："人有言兮是然，人无言兮是然。"就是说，对我的劝谏行为，反对也好，赞扬也罢，我都会一如既往，我行我心。

两篇《灵乌赋》，胸襟、志节、品格，高下立见。

在80年代，我写下前述《宋代士大夫主流精神论》一文，从报恩思想、功名心、忧患意识、言事精神、皇权观念这样五个方面评论了范仲淹的政治思想。当时，对《灵乌赋》没有予以太多的关注。其实，这篇不足600字的小赋，已经囊括了范仲淹这几个方面的政治思想，对于研究范仲淹来说，是一篇值得重视的文献。

范仲淹对这篇《灵乌赋》还有自己的简洁概括。这就是他写的一首七绝《答梅圣俞灵乌赋》。诗写道：

> 危言迁谪向江湖，放意云山道岂孤？
> 忠信平生心自许，吉凶何恤赋灵乌。

或许，他在写《灵乌赋》之前，曾以此诗回答梅尧臣的《灵乌赋》。后来，大概是觉得尚不足以充分表达自己的想法，于是擅长作赋的范仲淹又写下了反其意而为之的《灵乌赋》，来抒发自己的心志。

不过，无论怎么讲，这首28个字的短诗，都可以说是对范仲淹自己的《灵乌赋》的最准确的概括。"危言迁谪向江湖"是讲自己进谏被贬放到地方；"放意云山道岂孤"则是自信真理在自己一方，吾道不孤。"忠信平生心自许，吉凶何恤赋灵乌"，直道如矢，忠心自许，所以无需灵乌来占卜吉凶。"感物之意，同归而殊途"，在这首短诗中，范仲淹便已表达了对梅赋的不同见解。

《灵乌》余话

关于《灵乌赋》，还有未了之余话。

梅尧臣尽管以文名见闻于当世，却也在仕途上不遇于当世。他跟范仲淹交往，包括写诗作赋，都多少有些投机成分在。

当范仲淹成为相当于副宰相的参知政事之后，梅尧臣满以为范仲淹会汲引他这个朋友。没想到范仲淹提拔了许多人，就是没有提拔梅尧臣。

期待值过高的梅尧臣不禁心怀怨望，又写下《后灵乌赋》，来攻击范仲淹。从此，两人再无往来。

后来，范仲淹去世，梅尧臣的悼念诗篇也颇含曲衷，显得不够厚道。对此，叶梦得以一句"世颇以圣俞为隘"，道尽了世人的评价。

"宁鸣而死，不默而生"

"宁鸣而死，不默而生。"这是宋代政治家范仲淹所作《灵乌赋》中的一句。见于《范文正公集》卷一。

任何声音都是时代的回声。这句在士大夫政治主宰一切的时代喊出的话语，就是那个时代的强音。

在宋代，中国知识人以前所未有的强势，从政治到文化，乃至社会，占领了那一时代的所有高地，话语权也被其垄断。政治空气中振荡着的，全是士大夫的声音，震耳直欲聋，喧嚣且嘈杂。

宋代士大夫言事之风颇盛。无论大事小事，往往纷纷上言，议论不休。上书言事，俨然成了士大夫的专利。且不说议论当否，这种现象起码可以从一个侧面反映出宋代士大夫国家观念的增强，事业心与责任感的增强。

对于这种现象，我曾在一篇文章中写道："在任何社会里，百家争鸣总比鸦雀无声要正常。"能量总要释放，不然，可哀的"万马齐喑"之后，必然"于无声处听惊雷"。惊雷，绝非正常的声音。百家争鸣其实是一种疏导，一种能量的正常释放。

士大夫政治下的制度设计，也真的把上书言事的权利只给予了士大夫，没有武臣的份。所以，当朝廷要将范仲淹从文官换成待遇优厚的武官观察使时，范仲淹死活不干，连上三表辞让。他就是不想失去发言权。他直接说："臣辈亦以内朝之职，每睹诏令之下，或有非便，必极力议论，覆奏不已，期于必正，自以近臣当弥缝其缺而无嫌矣。今一旦落内朝之职而补外帅……则今而后朝廷诏令之出，或不便于军中，或有害于边事，岂敢区别是非，与朝廷抗论！自非近臣，无弥缝其缺之理，纵降诏丁宁，须令覆奏，而臣辈岂不鉴前代将帅骄亢之祸，存国家内外指踪之体。"

在范仲淹看来，上书言事，是使命使然。所以他说："儒者报国，以言为先。"上言，进言，发言，正是报国的首要方式。范仲淹所说的"以言为先"，并不是无关痛痒的泛泛之言，而是危言谠论。这也正如他说的，"发必危言，立必危行"。

天圣七年（1029），垂帘听政的刘太后准备在冬至接受朝拜大礼，届时将由宋仁宗率文武百官为太后上寿。范仲淹闻讯后，上疏极言不可。他认为天子"奉亲于内，自有家人礼。顾与百官同列，南面而朝之，不可为后世法"，并且要求太后还政于宋仁宗。范仲淹的这些言行，也使曾推荐他的晏殊担心连累到自己。他把范仲淹叫去严加责备。为此，范仲淹给晏殊写了封长信，理直气壮地作了解释。信中写道："事君有犯无隐，有谏无讪。杀其身，有益于君则为之。"

不能简单地说"事君"就是愚忠，皇帝代表的是整个王朝。尽管如此，范仲淹想到的不仅是君主和朝廷，还将目光向下，想到了天下百姓。所以他明确表明自己上言的目的是，"致君于无过，致民于无怨"。君主与朝廷政治无过失固然重要，让天下百姓无怨言，更重要。范仲淹这种政治表达，与他在《岳阳楼记》中的文学表达，异曲同工。这就是"居庙堂之高，则忧其民；处江湖之远，则忧其君"。范仲淹的视角是全方位的。

明道二年（1033），刘太后死去，宋仁宗亲政。范仲淹被招还，担任了谏官。不久，就发生了仁宗废黜郭皇后之事。范仲淹与御史中丞孔道辅率众台谏"伏阁极谏"，结果被押解出京城，贬知睦州。即使这样，范仲淹依然不忘劝谏仁宗，他告诉仁宗，"有犯无隐，人臣之常；面折庭诤，国朝之盛"。

在士大书政治之下，面折廷争，劝谏，批评，争论，蔚成盛事。范仲淹等士大夫在政治上发出的声响，回荡在一代代士大夫的耳际，唤醒着他们的自觉意识，激发着他们的责任感。正如朱熹所言，"宋朝忠义之风，却是自范文正作成起来也"。从此，亦如朱熹所言，"士大夫以面折廷争为职"。面折廷争，成为士大夫的天职。

在宋代，不仅制度设计保证了士大夫发言的特权，政治舆论也鼓励和保护着士大夫的发言。因言获罪，在宋代非但不会受到舆论的非难，相反还会得到赞扬。在庆历新政前，范仲淹曾因上言被贬谪三次。对此，舆论誉之为"三光"，即一次比一次更为光彩。这种保护士大夫上言的舆论，正是宋代士大夫面折廷争的勇气来源之一。

报国以言为先的范仲淹，曾将自己的行为作过比喻，"如卞生献璧，不知其止，足虽可刖，而璧犹自贵"。这句话，与"宁鸣而死，不默而生"交相辉映。

"宁鸣而死，不默而生"中的"鸣"，为何而鸣？尽管这是一句中性的表达，但语言都是有具体语境的，甚至讲话人的背景都可以成为语境的一部分。从范仲淹的经历看，范仲淹口中说出、笔下流出的这句"宁鸣而死，不默而生"，很少有人会理解为个人之不遇的不平则鸣，也不会理解为个人名利的一鸣惊人。范仲淹之鸣，只能是"致君于无过，致民于无怨"的忧国忧民之鸣。

最近有朋友著文讨论，认为宋代是自由度比较高的社会。对士大夫上言，有制度上的支持，有舆论上的保护，亦可证明宋代的自由度之高。不过，即使如此，面折廷争在复杂的政治因素作用下，也极有获罪被贬的可能，并且还不乏这方面的事实。范仲淹的三次被贬就是证明。因此，瞻前顾后、患得患失之人还是难有"宁鸣而死，不默而生"的勇气，而八面玲珑、左右逢源之人更难有如是之想。

"宁鸣而死，不默而生"的精神，伴随着范仲淹的行为，极大地砥砺了读书人的气节。南宋的王应麟在《困学纪闻》中就说："范文正《灵乌赋》曰'宁鸣而死，不默而生'。其言可以立懦。""立懦"，原也是出自范仲淹之口。《桐庐郡严先生祠堂记》便赞颂严子陵的行为"使贪夫廉，懦夫立"。可见范仲淹借赋灵乌而喊出的"宁鸣而死，不默而生"，不仅是自励，更有激励世人之意。深宁老人可谓深知文正公之心。

人是要有一点精神的。"宁鸣而死，不默而生"，在任何时代，都是一种难能可贵的精神、品格和气节，更是一种难能实践的勇气。所以，20世纪的胡适之先生又将这八个字重新检出，大书特书。知识分子乃社会之良心，虽可"妙手著文章"，能否"铁肩担道义"？适之先生所书之深意，自励乎？醒人乎？我不揣度。

"子道自能久"

　　徂徕先生石介，是宋代理学的开山之一。此人学问很好，在太学讲课，极受学生欢迎，但却非温文尔雅，个性鲜明，特立独行。不仅在世时，颇多非议，去世后亦蒙诬谤，说他诈死投敌叛国，甚至有人提议要扒坟开棺，以验真伪，幸亏为宋仁宗所阻止。

　　石介遭受非议，主要是他写下《庆历圣德诗》，卷入了朝廷政争。此诗一出，"宋初三先生"的另一人孙复就跟石介预言："子祸始于此矣。"黑白太明，不谙政治策略，将朝廷的矛盾公开化。石介倒是快意恩仇，却给范仲淹等少壮派的改革带来麻烦。范仲淹曾恼火地说，都是这"鬼怪辈"坏事。20多年前，我从政治策略的角度总结庆历新政失败的教训时，曾提及此事（《试论导致庆历新政失败的一个因素》，《学术月刊》1990年第9期）。不过，毕竟石介热情可嘉，虽然他的作为激化了政治对立，但也同样为改革大造了舆论。因此，他被改革派引为同志。

　　范仲淹阵营中的欧阳修，与石介的友谊就很深厚。在石介死后，欧阳修写下了《读徂徕集》五言长诗。嗣后，意犹未尽，接着又写了一首不算短的五言《重读徂徕集》。两首诗都收录在《文忠集》卷三。两首诗立意不同，前诗多触及石介的经历与学问，后诗则跳出这个圈子，重在文外说文，文外说人，叙感情，发感慨。研究欧阳修及其文学的人，对欧阳修及其作品论述甚多，却鲜及后诗。其实，这首诗对于认识欧阳修的性格与思想比较有价值。

＊　　＊　　＊

　　欧阳修一气呵成的《重读徂徕集》，我想按内容分成几个层次略加解读。

　　我们先看第一段：

　　　　我欲哭石子，夜开徂徕编。
　　　　开编未及读，涕泗已涟涟。

　　在石介去世后的一个夜晚，欧阳修翻开了石介遗著《徂徕集》。尚未阅读，便睹书思人，悲从中来，涕泪涟涟。由此，我们可以窥见欧阳修对石介的深厚情谊，亦可适证欧阳修诚为性情中人，人世悲欢，足以动其心。

接下来看第二段：

> 勉尽三四章，收泪辄忻欢。
> 切切善恶戒，丁宁仁义言。

在这种情绪之下，欧阳修读了三四章。进入到文章的世界，内容渐渐让欧阳修收住了眼泪，转悲为欢。欢者，是为文章的内容，是为有这样的友人。这是骄傲的欢欣。

为什么会有这样的情绪转化呢？我们看第三段：

> 如闻子谈论，疑子立我前。
> 乃知长在世，谁谓已沉泉。

此时的欧阳修仿佛感到，石介就站在他的面前，侃侃而谈。这不是一种幻觉，而是思念的升华。友人并没有离去，并没有长居九泉，伴随着他的文章，永存人间。

接着，欧阳修回顾了他与石介的交往过从：

昔也人事乖，相从常苦艰。
今而每思子，开卷子在颜。

由人及文，时空在欧阳修的脑海里回转，从过去又回到了当下。欧阳修回顾到，以前石介活着的时候，由于政治因素与人事纠纷，不能过从太密，难以常见。反而今后想要相见时，只要翻开他的书，便随时宛如人现眼前。

对石介的文字，欧阳修有自己的想法，他写道：

我欲贵子文，刻以金玉联。
金可烁而销，玉可碎非坚。
不若书以纸，六经皆纸传。
但当书百本，传百以为千。
或落于四夷，或藏在深山。
待彼谤焰熄，放此光芒悬。

这是说，我十分珍视友人石介的文字，想把它铭金刻玉，永久保存下去。但转而一想，金亦可熔，玉则易碎，都不如写到纸上。儒学经典六经，后来便是通过纸本流传下来的。我应当把他的著作缮写上百部，以百传千，或流播四方，或藏之名山。待到名誉恢复时，石介的这些文字便会大放光芒、大呈异彩。

顺着这样的思绪，欧阳修表达了中国传统士人普遍的意识：

> 人生一世中，长短无百年。
> 无穷在其后，万世在其先。
> 得长多几何，得短未足怜。
> 唯彼不可朽，名声文行然。

人生在世，无论长寿还是短命，不过百年之限。历史如长河，源源不断。前有万世，后亦无穷。在漫长无尽的历史长河之中，人生百年之限，能够长寿也长不到哪去，短命夭折也无须感伤。既然人的一生不过是历史长河中短到甚至可以忽略的一瞬，那么如何可以做到不朽呢？只有名声与文行，方能流传后世，人可以通过这种方式获得永存。这是来自古人立德、立功、立言"三不朽"的思想，不独欧阳修。

由于有这种意识，一个人在百年一瞬的生命中所遭遇的坎坷不公，也就无须介怀了。欧阳修这样写道：

> 谗诬不须辨，亦止百年间。

百年后来者，憎爱不相缘。

公议然后出，自然见媸妍。

孔孟困一生，毁逐遭百端。

后世苟不公，至今无圣贤。

所以忠义士，恃此死不难。

　　除了名列唐宋八大家的文学成就，欧阳修还是史家。曾受诏编纂过《新唐书》，还以个人之力编纂过《新五代史》。因此，他对人事与社会的观察，充满历史感。针对石介尚未昭雪的诬谤，欧阳修说，无需去刻意辩白，谗诬顶多也就是维持于百年之间。百年之后，过去了几代人，后世之人便不存在有利害爱憎的感情牵扯，自然会有公正的评判。对此，欧阳修举例说，孔子、孟子一生坎坷，遭受很多非难。倘若后世没有公正的评价，也就没有今天作为圣贤的孔孟了。正因为历史公正，能还人以一个公道，从古至今，才有许多仁人志士视死如归。

　　这样的认识，应当说是欧阳修通过长期的修史经历，从无数大大小小的事实个案中归纳出来的。

　　从方法论的角度看，历史须远观，难以近视。隔开一段时光，摒却感情爱憎与利害缠绕，评说历史，臧否人物，便会比较接近客观。

从历史观的角度看，欧阳修相信历史公正，相信后人公道。修史的欧阳修，阅尽纸上沧桑，从腥风血雨晦云暗雾中，撕开一道缝隙，看到了未来的光明。

开阔的议论之后，欧阳修又把笔触转到了石介的具体经历：

> 当子病方革，谤辞正腾喧。
> 众人皆欲杀，圣主独保全。
> 已埋犹不信，仅免斫其棺。
> 此事古未有，每思辄长叹。

这是写石介沉疴时遭谤、去世后受诬的不幸。

对石介这样的遭遇，欧阳修想仗义执言，以笔为刀，刻写到历史的岩壁。

> 我欲犯众怒，为子记此冤。
> 下纾冥冥怨，仰叫昭昭天。
> 书于苍翠石，立彼崔嵬巅。

决意宁犯众怒，也要记录下石介遭遇的千古奇冤。

不过，欧阳修的意愿却未能如愿，这是因为：

> 询求子世家，恨子儿女顽。
> 经岁不见报，有辞未能铨。

欧阳修埋怨石介的儿女们不晓事，向他们询问石介的家世生平，过了一年多也无回应，致使他无法下笔。

不过，最后，忿忿然的欧阳修却笔锋一转：

> 忽开子遗文，使我心已宽。
> 子道自能久，吾言岂须镌。

翻开石介的文集，便使他变得心绪坦然。为什么会坦然呢？欧阳修在诗的最后两句，自己回答了：石介著作所体现的道义自会永存，已无需我来著文揄扬了。

* * *

这首诗，由近及远，由实即虚，层次分明，寥远开阔，起承转合，百流归海。在宋人的议论诗中，亦属上乘。此就艺术论。

　　不唯如此，我更看重诗的内容表达。观此诗，不仅流露了欧阳修与石介建立在道义层次上的高谊深情，还体现了作为史家的欧阳修拉开距离看历史的认识方式，反映了欧阳修同样具有传统知识人立言不朽的人生观，更展示了欧阳修公道自在人间的光明历史观。

　　一首诗，我如是解读。

　　研究欧阳修，这首诗是重要资料，幸勿忽之。

"不在其位，则行其言"

在宋代，有个大学老师，讲课极受欢迎。当时若有梯形大教室，也可能是场场爆满。《宋史》记载，"学者从之甚众"，可谓追星者多。因为他的存在，"太学由此益盛"。

那么，他讲的是什么内容，居然受到如此欢迎和追捧？

他以研究《周易》而闻名，在今天看，属于国学的范畴，但在课堂上讲的，却是当代政治。《隆平集》记载他"在太学教诸生，闻朝廷美政则歌诵之，否则刺讥之"。嬉笑怒骂，东汉的清议、月旦评，统统搬到了课堂上，年轻人听了过瘾。

他并不是愤世嫉俗的愤青，也不是玩世不恭的另类。

欧阳修为他写墓志铭，说他"虽在畎亩，不忘天下之忧"。这跟我们知道的范仲淹一样，有着"先天下之忧而忧，后天下之乐而乐"的情怀。

范仲淹，是他的朋友。

由于有忧天下之情怀，又有博古通今的学问，于是，《隆平集》记载他"其文章陈古今治乱成败，以指切当世，无所讳忌"。对此，欧阳修写的墓志铭描述得更为具体："其遇事发愤，作为文章，极陈古今治乱成败，以指切当世，贤愚善恶，是是非非，无所讳忌。"

这是他的文章表述，也是他的讲课内容。

他的所言所行，让许多人害怕，惊世骇俗，"世俗颇骇其言，由是谤议喧然，而小人尤嫉恶之，相与出力，必挤之死"。

为什么他要这样做？做个循吏，可以步步高升，享尽锦衣玉食。埋头学问，可以著作等身，流芳千古。不过，他并不满足这些。

他有他的理念。

在《隆平集》为他立下的短短的传记中，记录下了他的话语：

时无不可为，不在其位，则行其言。言见用，利天下，不必出诸己。言不用，获祸至死而不悔。

这番话转录自欧阳修写的墓志铭。我们再看一下未经省略的欧阳修转述：

时无不可为，为之无不至。不在其位，则行其言。吾言用，功利施于天下，不必出乎己。吾言不用，虽获祸咎，至死而不悔。

这番话可谓是黄钟大吕，金石铿锵，超迈古人，也让后人惭愧。

孔子还说"不在其位，不谋其政"，还说"用之则行，舍之则藏"，还说"邦有道则知，邦无道则愚"，还讲究明哲保身的政治智慧。

不能苛责孔子，时代不同。

宋代，不是"王与马共天下"，贵族与皇帝的权力共享，而是皇帝"与士大夫治天下"。天下是知识人的天下，管理也是知识人的事业。

士大夫政治一统天下的宋代，政治环境远比孔子和孟子的乱世要宽松自由得多。所以他说："吾勇过孟轲矣。"

这样的政治环境，极大地激发了知识人的使命感，因此，就在那个时代，张载发出了"为天地立心，为生民立命，为往圣继绝学，为万世开太平"的时代强音。这其实是那一时代知识人的集体心音脉动。

与张载同时代的这个大学老师的话语，则正是这一豪言壮语的具体践行。

要想作为，任何时候都可以。既然做了，就要做好，做到极致。在其位，可以行其政。不在其位，可以行其言。言见用，功利天下。言不见用，因言受祸，也无怨无悔。这样的心志，投射着令人震撼的责任感。这是以天下为己任。

"至死而不悔"，有着自古以来仁人志士的基因传承，仿佛就是汨罗江畔屈子行吟的回声："亦余心之所善兮，虽九死其犹未悔。"

我景仰那一时代的知识人，敬重他们的使命感，感慨他们的责任心。

这个疾恶如仇的学者，缺少城府，黑白分明，他为庆历新政大声喝彩，对奸邪小人淋漓痛斥。"喜怒哀乐，必见于文。其辞博辩雄伟，而忧思深远。"

他的言行"违世惊众"，有人不解，有人讥笑，更有人忌恨。对此，他自我剖白："吾非狂痴者也。"

这样一个人，去世了，也不得安宁，险些被奸人掘墓。不过，"君子察其行而信其言，推其用而哀其志"。欧阳修在墓志铭的最后满怀深情地写道：

> 徂徕之岩岩，与子之德兮，鲁人之所瞻。
> 汶水之汤汤，与子之道兮，逾远而弥长。
> 道之难行兮，孔孟遑遑。
> 一世之屯兮，万世之光。
> 曰吾不有命兮，安在夫桓魋与臧仓。
> 自古圣贤皆然兮，噫，子虽毁其何伤！

斯人者，徂徕先生石介。

"音异乃谐"

多年前，整理同欧阳修合撰《新唐书》的北宋文人宋祁的文集，读到一篇文章中的一句话，印象很深。文章收录在《宋景文集》卷六〇，题为《高观文墓志铭》。这是宋祁为欧阳修政治上的对头高若讷写的。引起我注目的话在如下一段之中：

> 上戒以和。公顿首言："和无莫济者，有如乐焉，音异乃谐。若可否出一，是同也。同则生党。"

"音异乃谐"，大哉斯言！试想一下，倘若音乐都是一个音高，一个旋律，那便无异于火车的汽笛、汽车的喇叭声、机器的轰鸣，不成其为音乐，而适足为噪声。有序的跌宕起伏，方悦耳动听。高若讷以音乐为喻，极为通俗地为宋仁宗解释了什么是真正的和。在高若讷看来，异口同声所显示的，并不是正常的和，那只是"同"。而这种不正常的同，必会导致结党拉派。

先前范仲淹在政治斗争中遭贬，身为谏官的高若讷没有跟随一些年轻气盛的官员一起进行营救，被欧阳修指责为"不复知人间有羞耻事"。其实，这也可能是寻求"音异乃谐"的高若讷基于自己认识的一种坚持。

在记录"音异乃谐"的言论之后，宋祁还记载了高若讷之所以如此发言的缘故和时人的评价："时大臣执议见遷，故公谢及之。由是，见谓为长者。""谢"是指高若讷被任命为枢密副使时对宋仁宗的答谢，"音异乃谐"就是在这个场合下的发言。被看作是忠厚长者，也可以说是时人对高若讷"音异乃谐"说法的某种认同。

"音异乃谐"，可以说是从另一个角度对孔子"和而不同"的形象解说。

追求什么样的和谐，从"音异乃谐"这四个字中，实在可以受到很大启发。

最近，读到《读书》杂志的一篇文章，讲述古代犹太人有一条法律规定。这就是，在判处犯人死刑的时候，如果裁判所的审判官全体意见一致，则判决无效。这条规定，看上去很令人不解。长期以来，在各种团体、组织乃至社会中，人们追求的不就是"全场通过""一致同意"的结果效果和场面场景吗？似乎这就是代表多数人的意志，体现了民主的极致。然而，古代犹太人却反其道而行之，一致同意，反而判决无效。

细细思忖，一致同意，未见得就完全体现了每个人内心的真正意志，有举棋不定而盲从者，有墙头草般随风飘动者，还有虽腹诽而曲从者。总之，众势裹挟了一切，就像潮水淹没了所有异样的气泡，呼啸而过。这种一致，无异于孔子接着"君子和而不同"所说的"小人同而不和"。表面一致的同，成因很复杂，在很大程度上，只是一种苟同，而非真正的和衷共济。

我同意这样一种说法，即民主是目前人们认识到的一种最不坏的方式。由于很难说是一种最好的方式，所以也有其局限性。多数可决，有时可能并不是最佳抉择，体现的可能是民主名义下的偏激。所以，在人命关天的特殊情况下，古代犹太人采取了一种极端的方式，来对抗多数暴力。这就是"一致同意，判决无效"。这个规定，实在是体现了一种超凡的大智慧。

其实，我们的祖先也不乏这样的智慧。讲中庸，寻求社会生活的黄金分割率；区分"和而不同"与"同而不和"，探索人际关系的真正和谐。这些都是我们祖先的智慧。不过，我常常在想，这些闪烁着智慧光芒的思想，大多体现的是，我们祖先面对弊病弊端的一种矫枉的期许，而非社会存在的现实。我们需要发掘这些智慧的思想，让祖先的期许得以实现。这些智慧，甚至还可以弥补民主在程序上存在的一些缺陷。

"音异乃谐"便是这样的智慧。

张沔罢官

最近，读《宋史翼》。开卷第一传，为《张沔传》。其中记载了这样一件事：

> 宰相李迪荐其才，除侍御史。沔居台数月，吕夷简复入相，因论故事，三院由中丞荐，不当以执政用。仁宗然其言，出沔知信州。

这是一件很重要的史实，宜乎陆心源选以录入。对此事，现存较为原始的记载当为李焘《续资治通鉴长编》卷一一三于明道二年十二月的记载：

> 丁未，出侍御史张沔知信州、殿中侍御史韩渎知岳州。先是，宰相李迪除二人为台官。言者谓台官必由中旨，乃祖

宗法也。既数月，吕夷简复入，因议其事于上前。上曰："祖
宗法不可坏也。宰相自用台官，则宰相过失无敢言者矣。"迪
等皆惶恐，遂出沔、渎。仍诏自今台官有阙，非中丞、知杂
保荐者，毋得除授。

这件事有着复杂的背景。

先说李迪为何要越位拔擢张沔。

宰相李迪是二度入相。在真宗朝后期，作为寇准的同党，李
迪在与权相丁谓的斗争中败北。后来王曾斗智，扳倒了不可一世
的丁谓，李迪于是才有了翻身之日，重入朝廷担任宰相。李迪是
在平反寇准冤案的势头上，由宰相王曾援引入朝的。

李迪跟丁谓实际上的同党刘太后的关系颇有龃龉。早在当年
真宗立皇后时，李迪便提出过反对意见。《宋史》卷三一〇《李
迪传》载："初，上将立章献后，迪屡上疏谏，以章献起于寒微，
不可母天下。章献深衔之。"后来，一直耿耿于怀的刘太后居然
对来朝的李迪说："你一直反对我摄政，你看我把小皇帝辅导得怎
么样。"（卿向不欲吾预国事，殆过矣。今日吾保养天子至此，卿
以为何如）因此说，李迪与刘太后一直不和。刘太后驾崩，在一
片攻击刘太后的喧嚣中，李迪重登相位。而据《宋史翼》在此事

之前的记载，张沔也是刘太后的反对派：

> 章皇后称制，沔上书劾枢密使张耆骄僭乱法，请出耆补
> 外。事虽不行，士论壮之。

张耆是刘太后的宠臣。《宋史》卷二九一《张耆传》载："章献太后微时，尝寓其家，耆事之甚谨。及太后预政，宠遇最厚。"弹劾刘太后宠臣，无疑是打刘太后的脸，这让李迪很开心。明道二年，摄政的刘太后去世，仁宗亲政，宰相李迪于是便立即提拔了他的同道张沔。

上面所述是人皆可见的表面因素。内在的原因则是张沔为已故著名文人杨亿的亲属。《宋史翼》本传记载："同里杨亿以文章名一世，沔外姻也。因从亿游，亿甚重之。"杨亿在真宗朝后期的政治斗争中，是寇准、李迪集团的中坚人物。杀丁谓、废刘后、请真宗退位、拥戴太子即位的一系列诏令，都是寇准私下嘱托杨亿秘密起草的，并打算在政变后让杨亿出任参知政事。后来政变失败，杨亿忧畏而死。基于这样的背景，李迪自然要援引杨亿的亲属，何况张沔的政治立场又与他相同。

谏官与御史，在宋代合称台谏，负有监察与进谏之责。一般官员不能随便越职言事，但台谏则不受此限，拥有最大的发言

权。在帝政时代，台谏可谓介于皇帝与宰相之间的第三势力。因此，在政治斗争中，台谏的作用非同小可。谁争取到了台谏的支持，谁就等于为自己的集团增添了攻击的重武器。李迪以后的宋代历史尤为证明了这一点。而严酷的斗争经历也让李迪对此有着深刻的认识。这也是他明知故犯，想把台谏任命权拿到手里的本心。任命台谏，自然是任命与自己政治立场相同的亲信。于是，张沔首当其选。

不过，需要指出的是，李迪拔擢张沔，虽有上述私心，但也不能说没有出以公心的成分。刘敞《公是集》卷五三《故朝散大夫尚书刑部郎中致仕上柱国赐紫金鱼袋张公墓志铭》载："（张沔）擢御史台推直官，转尚书屯田、都官员外郎，尝奉使决大狱，朝中称其平。丞相李文忠公善之，拜侍御史。"提拔张沔担任侍御史，主要还是根据张沔的政绩与人望。这样的提拔，既可以人无间言，又符合李迪的政治利益。

我们再看后来入相的吕夷简为何反对。

从秦始皇时代的三公九卿制开始，在帝政时代，监察都是政府以外的独立系统。唯有如此，方可发挥监察作用。这是监察制度建立的初衷。宋代的御史台官任命，要有御史台的官员推荐，即需要以御史台长官御史中丞为首的官员提名，皇帝以中旨的形式认可，宰相等政府首脑原则上不得参与监察官员的选拔，以免监督失效。然而，包括李迪作为宰相任命台官，宋代政府在这方面的越位太多，皇帝也多是睁只眼闭只眼，不去较真。

那么吕夷简反对的原因呢？

他的理由是要遵循故事，维护原则。这个理由冠冕堂皇，让刚刚亲政的仁宗无法不赞同。并且，不许宰相任命监察官员，权力回收，无疑也是强化了皇权。这也为毫无威信的年轻皇帝所乐见。

然而在冠冕堂皇理由的背后，吕夷简是有他自己的算盘的。

刘太后三月驾崩，已经担任了四年宰相的吕夷简也在四月免职，同日，资格更老的李迪再次被任命为宰相。对此，吕夷简心里一定不是滋味。半年后，吕夷简重返相位。这两个同朝宰相之间的关系，便有些微妙。

李迪性格耿直，当年与权相丁谓争执，曾拿起手板追打丁谓。这次劫后余生，《长编》卷一一六记载，"迪再入相，自以受不世之遇，尽心辅佐，知无不为"。

当吕夷简半年后重新成为宰相，与李迪共同主政，毫无心计的李迪相当高兴，他说"吾自以为宋璟，而以夷简为姚崇"，想共同干出一番事业。但吕夷简却并非作如是想。《长编》同卷载："及吕夷简继入中书，事颇专制，心忌迪，潜短之于上。迪性直而疏，不悟也。"

吕夷简向李迪下手，除了向仁宗打小报告外，还不动声色地剪除李迪的羽翼。《长编》卷一一四记载了这样一件事："迪与吕夷简同相，迪直而疏，夷简巧而密。迪尝有所规画，夷简觉非迪所能。乃问其所亲曰：'复古门下，谁适与谋？'对以李无他客，独柬之虑事，过其父远甚。夷简因谓迪曰：'柬之才可用，当付以事。'迪谦不敢当。夷简曰：'进用才能，是夷简事，公弗预知。'即具奏，得请，迪父子皆喜，不悟夷简阴夺其谋主也。柬之既受命，居半岁，迪果罢相。"吕夷简觉得有些政见规划不可能是性格粗放的李迪所能想出来的，于是就暗中调查有谁为李迪出主意。后来得知李迪并无门客，但他的儿子李柬之比较细密，许多主意都出自他。吕夷简就假意讨好李迪父子，让李柬之参加一个象征性的考试，给了个进士资格，然后任命到外地去做官了。李迪身边缺了出谋划策的人，半年后，就因姻家连累被免职。

被罢相后的李迪，才醒悟到一切都是吕夷简在背后搞鬼，于是他又像与丁谓斗争时那样，做困兽斗，告发吕夷简私交亲王，为门下的僧人补官。结果一经调查，事情是李迪在中书时经办，吕夷简则有不在现场的记录。于是，李迪等于诬告不实，罢相之后，继续遭贬。其实，李迪说的，部分的确是事实，《长编》卷一一六辨析了事实："然补惠清，实夷简意，迪但行文书。顾谓夷简独私荆王，盖迪偶忘之。"可见，李迪最终还是让工于心计的吕夷简耍了。

以遵循故事、维护祖宗法的借口，把张沔等人从御史台清除出去，不过是吕夷简剪除李迪羽翼全过程中的一个小小插曲。

比《长编》的记载更为原始的史料，是前面提到的刘敞所作的张沔墓志。墓志中如是记载此事：

> 丞相李文忠公善之，拜侍御史。数月，吕文靖复入相。二人者不相能，争于上前。以谓故事三院由中丞荐，不当以执政用。出公知信州。

不过，从吕夷简的处事风格与上述一系列行为看，吕夷简不可能直接与李迪面对面在仁宗前争论，对他的这位政界前辈，只能是背后使绊子，做小动作。刘敞的墓志如此记载，不过是刻意凸显吕、李矛盾，借以强调墓主张沔的从中受害。墓志虽为相当原始的史料，然而载笔者的立场与考量，也往往使记载的事实变形，研究者须有分析地加以利用。

　　细细辨析，张洧罢官的背后，居然有如许之多的因素在。如同物理学解释力的现象，多是合力作用的结果。政治现象或社会现象的结果，亦多出合力。因素与背景均需多角度审视，方可摆脱片面偏颇。

辑 三

"臧获虽贱，其如性命非轻"

"臧获"，是古代对奴婢的贱称。最早解释各地语汇的汉代扬雄《方言》卷三云："荆淮海岱杂齐之间，骂奴曰臧，骂婢曰获。齐之北鄙，燕之北郊，凡民，男而婿婢谓之臧，女而妇奴谓之获。亡奴谓之臧，亡婢谓之获。皆异方骂奴婢之丑称也。"何以说起"臧获"这个古代词汇了呢？并且，标题这句说奴婢虽然地位卑贱，生命也同样贵重的话，又是出自何人之口？下面一一道来。

近日从《隆平集·陈执中传》，读到如下一件事：

> （宰相陈执中）以笞小婢出外舍死，御史孙抃列其八事劾奏之。翰林学士欧阳修亦论列于朝。至和二年罢。

读了之后，又翻检《宋史·陈执中传》，进行了确认。《宋史》对此事也有记载：

> 嬖妾笞小婢出外舍死，御史赵抃列八事奏劾执中，欧阳修亦言之。

这两条记载，说的是一件事，都是说宰相陈执中家的婢子被毒打后出走死亡之事。但所记行凶者却有所不同，一是说陈执中本人打的人，一是说陈执中的宠妾打的人。最后，宰相陈执中竟主要因为这件事而被罢免。简略的记载涉及一个重要的问题。这便是，在十世纪的宋代，奴婢的人权或者说生存权究竟处于什么状况，宋代士大夫又是如何看待奴婢问题的，较之前人有什么变化。

由于上述两部史书的记载甚为简略，语焉不详，我又检核了北宋编年史《续资治通鉴长编》。在卷一七七至和元年十二月癸丑条，记载有时任殿中侍御史的赵抃的奏疏：

> 臣窃闻宰臣陈执中本家，捶挞女奴迎儿致死，开封府见检覆行遣，道路喧腾，群议各异。一云执中亲行杖楚，以致毙踣。一云嬖妾阿张酷虐，用他物殴杀。臣谓二者有一于此，执中不能无罪。若女使本有过犯，自当送官断遣，岂宜肆四

夫之暴，失大臣之体，违朝廷之法，立私门之威？若女使果
为阿张所杀，自当禽付所司，以正典刑，岂宜不恤人言，公
为之庇？夫正家而天下定，前训有之。执中家不克正，而又
伤害无辜，欲以此道居疑丞之任，陛下倚之而望天下之治定，
是犹却行而求前，何可得也？

在赵抃的奏疏之后，《长编》又记载了这一事件的来龙去脉：

> 初，执中家女奴死，移开封府检视，有疮痕。传言嬖妾
> 张氏笞杀之。抃即具奏，而执中亦自请置狱。诏太常少卿、
> 直史馆齐廓即嘉庆院鞫其事。廓寻被病，改命龙图阁直学
> 士、左司郎中张昪，又改命给事中崔峄。既而追取证佐，执
> 中皆留不遣。抃及御史中丞孙抃共劾之。已而有诏罢狱，台
> 官皆言不可，翰林学士欧阳修亦以为言。逮执中去位，言者
> 乃止。

看来上述《隆平集》和《宋史》所记行凶者各异，也是事出
有因。究竟是谁打人至死，根据赵抃的奏疏，本来就有两种说
法。史实的复原殊为不易，有了赵抃的奏疏，比较上述两部史
书，一些事实得到更为清晰的显影。一是女奴的名字叫迎儿，二
是行凶的嫌犯之一为陈执中的宠妾阿张。而《长编》的记载还披
露了事件的后续发展。

任何时代，出了人命总是大事。因此，女奴的尸体被移送到开封府。经过验尸，发现了身上的伤痕。此时，便有传言，说女奴是被陈执中的宠妾张氏打死的。在殿中侍御史赵抃的要求下，作为当事人的宰相陈执中，不得不同意设置专案，进行调查。不过，前后换了几拨人，在取证时，陈执中都不予积极配合。于是，招致御史中丞孙抃和殿中侍御史赵抃的联名弹劾。站在陈执中一边的仁宗皇帝下诏撤销专案，遭到了负责监察的御史台全体官员的反对。作为皇帝代言人的翰林学士欧阳修也站出来反对。声势颇大的弹劾运动，使仁宗皇帝无法再进行庇护。直到宰相陈执中被罢免，弹劾的声浪才逐渐平息。

这一人命官司，值得注意的，不仅是连皇帝和个别高官都难以对抗的士大夫政治的力量，还有耐人寻味的宋代士大夫的认识。这些认识集中反映在赵抃的弹劾奏疏中。

赵抃指出，不管女奴是陈执中亲手打死的，还是宠妾张氏打死的，宰相陈执中都难脱罪责。如果女奴有过，应当交送官府处理。设私刑大打出手，一是有失大臣体统，二是违反朝廷法律。如果真的是宠妾张氏打死了女奴，陈执中应当将其执送官府，而不应罔顾舆论，公然庇护。

最后，赵抃上升到政治的高度：古训说正家而天下定，陈执中不能治家，根本就不能指望他作为宰相来治国。北宋后期，《大学》的所谓"八条目"——"格物、致知、正心、诚意、修身、齐家、治国、平天下"被归纳出来。由外到内，再由内到外，这是那个时代的士大夫的追求路径。早于这个归纳几十年，赵抃的奏疏就已经隐含了"齐家、治国、平天下"。

对于陈执中的家庭事件，我又做了进一步的追踪。发现陈执中的家庭对待奴婢，实在是劣迹不断。其实不是我的追踪，是那个弹劾他的殿中侍御史赵抃的追踪。在今存的赵抃《清献集》卷六中还收录有一篇奏疏，题为《奏状乞一就推究陈执中家女使海棠非理致命》，内容如下：

> 臣窃见近者宰臣陈执中家杖杀女使迎儿事，见于嘉庆院勘劾，次今又闻执中家有女使海棠一名，亦是非理致命。今月八日，已系开封府差官检覆，本人身上棰决痕损不少。道涂喧传，尽云因执中家嬖人阿张凌虐致死。然则臧获虽贱，其如性命非轻，当与辩明，以伸冤滥。臣职在弹举，不敢循默，以孤朝廷耳目之任。伏望圣慈特赐指挥，下嘉庆院制勘所，以就推究海棠身死不明公事，亦所以示陛下明圣仁恕，不欲使一物失所之意也。天下幸甚。

从赵抃的奏状可知，陈执中家使女迎儿死于棍棒之事正在调查之中，又一名使女海棠也不明不白地死去。经官府查验，身上也是伤痕累累。在短时间内，接连两个女奴非正常死亡，可见当时家奴命运之悲惨。陈执中家发生的事虽属个案，但相信反映的是当时带有普遍性的现实状况。

不过，面对这样的现实，宋代的士大夫已经超越贵贱的等级意识，从对生命的重视来看待奴婢的境遇。正如赵抃奏状所言，"臧获虽贱，其如性命非轻"。这种认识的升华，一方面来自儒学民本思想的熏陶，一方面也是社会现实的反映。

科举规模的扩大，社会流动的加速，商品经济的繁荣，自耕农的增加，使得时人对奴婢问题的认识也发生了变化。北宋的李顺、王小波暴动，发出了"等贵贱、均贫富"的呼声，不仅寻求财富的公平，更要求身份的平等。

社会意识正是士大夫认识的源泉之一。因此，逆社会潮流而动的陈执中家庭，自然要遭到士大夫以及当时舆论的抨击。而这样的事情如果放在唐代，恐怕就不会遭到如此强烈的抨击。唐人皇甫枚《三水小牍》就记载了一个地方豪族张直方，"臧获有不如意者，立杀之"。

且不论中国社会的发展是不是早已走出了奴隶社会，在漫长的历史上，降至明清，甚或民国，奴婢的普遍存在，则是不争的事实。然而进入宋代社会后，知识精英对奴婢地位的认识，实在是一个进步。对生命的重视，对人性的呼唤，是人类自身用痛苦和血泪唤醒的认识。这种认识，在唤醒后也常常被遗忘，需要用良知加以提醒。君不见同类相噬、煮豆燃萁还时有发生？

以上读史之偶得，冀于宋代法制史及社会史之研究有点滴裨助。

打掉人牙，丢掉高官

《"臧获虽贱，其如性命非轻"》一文，讲述了北宋宰相陈执中因纵容家人虐待奴婢致死而被罢免之事。由此，可以窥见士大夫政治下奴婢地位之一斑。也许有人会提出异议，虐待致死，是闹出了人命，在任何时代都要承担责任的。杀人偿命，天经地义。不过，从陈执中家虐奴案所引起的强烈反弹，还是可以看出，在士大夫政治下，由于士大夫认识的进步，奴婢的地位与权利的确发生了变化。

近日读史，又遇到了奴婢问题。不过，这次没有闹出人命。《隆平集》卷五《晏殊传》载：

> 初，为枢密副使，从幸玉清昭应宫。怒从者持笏后至，击折其齿，缘是遂出。

《宋史》卷三一一《晏殊传》亦载此事：

> 坐从幸玉清昭应宫从者持笏后至，殊怒，以笏撞之折齿，御史弹奏，罢知宣州。

"从者"就是随从的奴仆。《文忠集》卷二二收录有欧阳修所撰《赠司空兼侍中晏公神道碑铭》，就明确记为"坐以笏击其仆，误折其齿罢"。

看来，把诗词写得婉约缠绵的著名文人晏殊，性格还颇为猛烈。宋代的高级官僚上朝或是在其他公开的正式场合，都手持一个象牙或是其他材料制成的笏板。这个笏板既有装饰作用，也有实用价值。有的官员把奏疏要点写在上面，免得一时之间想不起来。晏殊跟随临朝听政的皇太后参拜玉清昭应宫，忘记带笏板，本来就很丢面子，吩咐仆人去取，又姗姗来迟。晏殊自然十分恼火，失态之下，居然举起迟迟送来的笏板，将仆人的一颗门牙打掉了。正赶上当时皇太后对晏殊有些意见，于是，在御史的弹劾之下，晏殊竟被免去担任的相当于国防部副部长的枢密副使一职。

因为打掉了还不是平民的奴仆一颗牙齿而被罢官，不知这样的事发生在今天有无可能？对晏殊，我没有看到像弹劾陈执中那样的"臧获虽贱，其如性命非轻"之类的奏疏。想象之下，弹劾的内容无疑也不外乎奴婢也是人，也不能随便施暴之类的。仅从这件事的结果来看，宋代奴婢的地位的确有所提升，某些权利也得到了一定的保障。

牙是不能随便打的

　　前文《打掉人牙，丢掉高官》，作为《"臧获虽贱，其如性命非轻"》一文的延伸，讲述了北宋枢密副使晏殊因怒打掉自己奴仆牙齿而被罢官之事，通过这样一件小事来说明在宋代士大夫政治之下奴婢地位提高的一个侧面。

　　普通官员因打掉奴仆的牙而丢官，那么，如果处于九五至尊的皇帝打落了别人的牙齿，又会怎么样呢？按一般推想，应当是无所谓的芝麻大的小事吧。其实，并非如此。我在《皇权再论》（《史学集刊》2010年第1期）一文中，讲了下述一个小故事：

　　　　有一天，太祖正在后苑用弹弓打雀鸟。一个官员声称有
　　　　紧急事情求见。玩到兴头上的太祖只好停下来接见这个官员。
　　　　结果听了报告，不过是些寻常并不紧急的事情。太祖便质问

那个官员。官员说，再不急也急于您弹雀。太祖恼羞成怒，拿起随身携带的柱斧，用斧柄打掉了那个官员的两颗牙齿。那个官员从容地拾起地上的牙齿，装到衣袋里。太祖见状更为恼怒，说难道你还要告我不成？那个官员回答说，臣不敢讼陛下，自有史官书之。这句话让太祖清醒起来，怒气顿消，和颜悦色地抚慰了那个官员。

故事见于宋人罗从彦《豫章文集》卷二《尊尧录》。我在文章的另一处，论述史书对皇权构成的无形限制时，也评论了这件事：

孔子删削《春秋》，并不仅仅让乱臣贼子惧，也让皇帝畏惧。无论是流芳千古，还是遗臭万年，都取决于史书的记录。而史书的记录又取决于入史人的行为。古代中国人有着强烈的历史意识，很早便建立有完备的修史制度。左史记言，右史记动，君主的一举一动、一言一行都处于史官的视线之内。担任史官的士人多数保持着独立精神，彪炳史册的就有秉笔直书的春秋时期的董狐和齐太史。降至后世，史官的这种独立精神不仅没有因后来专制皇权的竖立而消失，并且逐渐形成了制度，当朝皇帝不能阅读记录自己言行的起居注。……所以，当恼怒的宋太祖蛮横地打掉奏事官员的两颗牙齿之后，听那个官员说自有史官书之。便立马压下怒气，堆上笑脸，进行抚慰。皇帝如有名垂青史之心，同时也就会有被钉上历史耻辱柱的恐惧，因而也就容易朝着士大夫所规定的规范去努力做个好皇帝，也就容易接受来自士大夫的劝谏。

由此可见，无论是普通官员，还是皇帝，别人的牙是不能随便打的。小小的牙齿，牵连甚广。

"民膏民脂，转吃转肥"

"尔俸尔禄，民膏民脂。下民易虐，上天难欺。"

这一曾在宋代各个州县官厅之南矗立的《戒石铭》，在历史的烟尘中湮没了许多年之后，伴随着实物的出土，而广为人知。

这句话的著作权原属五代后蜀国王孟昶，一共有24韵96字。后来北宋太宗从中摘出上述16个字，亲自手书，刻石于官衙，警示地方官。这是那个时代的廉政宣言。

南宋政权重建，看到北宋书法家黄庭坚手书《戒石铭》的宋高宗，写下如下一段话：

> 近得黄庭坚所书太宗皇帝御制《戒石铭》，恭味旨意，是

使民于今不厌宋德也。因思朕异时所历郡县，其戒石多置栏槛，植以草花，为守为令者，鲜有知戒石之所谓也。可令摹勒庭坚所书，颁降天下。非唯刻诸庭石，且令置之座右，为晨夕之念，岂曰小补之哉？（载《景定建康志》卷四）

从高宗回忆所述"所历郡县，其戒石多置栏槛，植以草花，为守为令者，鲜有知戒石之所谓也"，可知在北宋的各地官衙确实都竖立有这样的《戒石铭》。又有护栏，又有花草，看得出来，颇为郑重。不过，当官的却"鲜有知戒石之所谓也"。其实，这四句话通俗易懂，不是不知，而是天天过眼，熟视无睹，已经淡漠得成为一个摆设。

重建的王朝，不仅要对外抵抗敌人的进攻，还要对内保持局势的安定。廉政建设，就是安定民心的最好措施之一。因此，当高宗看到黄庭坚手书的《戒石铭》之后，如获至宝，下令摹写，"颁降天下"。

作为那个时代的皇帝，不管是为了巩固自身的政权也好，还是真有悲天悯人之意也好，这样的廉政宣传与警示，都是值得肯定的。南宋人洪迈在《容斋随笔》续笔卷一就这样评价了《戒石铭》原初撰写者孟昶："区区爱民之心，在五季诸僭伪之君，为可称也。"南宋中期的郑兴裔在《郑忠肃公奏议遗集》卷下的《戒石铭跋》中也指出其意义："熙陵（太宗）表出，言简理尽，遂成王言。勒石州县，使守令僚佐触目警心，务求为良吏，无徒朘削兆人，则国家之利实多矣。有斯民之责者，其各勉旃。"

从古至今，从旧学到新政，都重视道德教化的作用。《戒石铭》不仅在明清两代的府衙县厅可以见到，并且德化方外，也被过去的日本所宣传。

然而，现实所呈现的状况却表明，道德教化只是对有道德自律之心者才起作用。并且，道德教化的作用极为有限，不可高估。因为，人的内心道德自律与来自外部的诱惑相比，实在是微不足道，不堪一击。比之对道德力量的信赖，我更相信法律的力量。

没有健全严密的法制，无论古今，无论中外，无论政治体制，无论意识形态，都不可避免公职人员贪污受贿的发生。根据每年公布的世界范围内的调查结果来看，日本公务员的廉洁程度是比较高的，但不时也有贪污受贿的丑闻曝光。

当然，礼与法、道德教化与法律约束，软硬相兼，相辅相成。有法律约束的框架在，良心、良知生出的自律，才更能焕发。而有了强烈的道德自律，法律方会被自觉遵守。许多人熟视无睹的《戒石铭》，却每每让怀有忧国忧民之心的范仲淹震撼。他在一篇写给皇帝的谢表中就这样说道："拳拳民政，战战官箴。"还向政府首脑表示，要"唯寅奉于官箴"。教化，不仅是宣传，还有榜样的影响。无疑，多一些像范仲淹这样有着强烈道德自律的官僚，《戒石铭》的作用才会更加凸显。

宋高宗看到竖立在州县官厅前的《戒石铭》形同摆设。如果只是摆设，还算是好的。就怕是现实状况与《戒石铭》的警示形成鲜明的反讽。宋人袁文在《瓮牖闲评》卷八记载有人在四句《戒石铭》下各添了一句，便成为如下的样子：

> 尔俸尔禄，只是不足；民膏民脂，转吃转肥。
> 下民易虐，来的便着；上天难欺，他又怎知？

这样的戏谑文字，折射出的绝对是一种真实的现实，并非文字游戏而已。这让我想到了从"为人民服务"到"为人民币服务"。没有严密的法制保证，道德期待只会形成这样的反讽。不怕天打，不怕雷劈，道德几斤几两？

不过，即使天不打，雷不劈，最终天怒人怨，恐怕还会如老百姓所言，"善恶到头终有报"。与"下民易虐，上天难欺"类似的表达，我们在宋代理学家的言论中也可以看到，朱熹《伊洛渊源录》卷一二便说：

  上天难欺，下民可畏。

  《尚书·泰誓》："天视自我民视，天听自我民听。"宋高宗说"民于今不厌宋德"，表明宋朝天命尚未移转。民者，天也，焉可不敬？载舟覆舟，由民由天。

好官的标准

南宋初年，有人问岳飞，何时才能天下太平，岳飞回答说："文官不爱钱，武官不惜命，则太平矣。"岳飞这句有名的话见于其孙岳珂所编《金佗稡编》卷九。这是岳飞的期许。这种期许折射出文官中饱私囊与武官贪生怕死的污浊现实。

过了近百年，到了南宋后期，发生了这样一件事。《吴兴备志》卷五记载，杨万里的长子杨长孺担任湖州知州，打击地方豪强，与皇族秀王发生冲突。秀王打算向这个不晓事的知州行贿，便派人问，"要钱否"，杨长孺回答不要。这件事传到宋宁宗的耳中。这位皇帝感慨说："不要钱，是好官。"

从南宋初到南宋末，一前一后的两句话，表明包括皇帝在内，好官的标准就是，不要钱。

在商品经济的社会里，正如那句戏言，钱并不是万能的，但没钱则是万万不能的。因此，宋宁宗复述杨长孺的话，评价其"不要钱，是好官"，是指不贪婪，不聚敛，而并非完全排斥金钱。从这个意义上讲，正是岳飞所说的"不爱钱"。

杨长孺是南宋时代有名的廉吏，这一点也是传承家风。《东南纪闻》卷一说杨长孺"学似其父，清似其父，至骨鲠乃更过之"。宋理宗曾问真德秀，当今廉吏都有谁，真德秀列举了三个人，其中就有杨长孺。真德秀说："杨长孺之守闽，靡侵公帑之毫厘。"杨长孺不仅没有贪污公款，在从广州知州离任时，还用俸禄七千缗替农民缴纳了租税。他自己作诗记录了这件事："两年枉了鬓霜华，照管南人没一些。七百万钱都不要，脂膏留放小民家。"

东晋时，广州有个叫吴隐之的太守，在任期间没有买任何奇珍异物，卸任北归时，发现船中有一片香，便立刻扔到石门江中，以示清白不染。古人的清廉成为后人的榜样。广州出身的崔与之在四川任官，卸任时归船中唯有书籍。杨长孺担任广州知州，清廉的名声也传到皇帝耳中，皇帝下诏奖谕，说他就像古代的吴隐之。为此，杨长孺作诗写道："诏谓臣清似隐之，臣清原不畏人知。"他卸任北归路过石门，自然想起了当年的吴隐之，于是写下一首《别石门》云："石门得得泊归舟，江水依依别故侯。

拟把片香投赠汝，这回欲带忘来休。"吴隐之的船中还有片香可扔，杨长孺则说自己想扔也没有。

清廉，是杨长孺秉持的理念，所以他说"臣清原不畏人知"，毫不遮掩自己的清廉。杨长孺痛斥当时官场的贪渎，在他看来："士大夫清廉，便是七分人了。"可见当时多数官僚已经污浊得没个人样了。这句话是罗大经亲耳听杨长孺所言，并记载到了《鹤林玉露》中。

在南宋，像杨长孺这样的清廉官员虽属凤毛麟角，但也非绝无仅有。叶适在《故大理正知袁州罗公墓志铭》中，就记载了一个叫罗克开的知县，极受百姓爱戴，以至离任遮留。当知县的上司问百姓他有什么好时，百姓七嘴八舌地回答说："不要钱，不信公人，不苦百姓，此知县三长也。"

可见，不贪财，不聚敛，也是老百姓心目中好官的标准。

"学也，禄在其中矣。"儒学的道德教化，并非"灭人欲"。君子也爱财，唯取之有道。为官受禄，为官亦担责。适为正比。"尔俸尔禄，民脂民膏。"为官切实尽责做事，受禄也坦然。日语中有个说法，叫做"薪水小偷"，意为只知道拿薪水，不好好做事，那份薪水就像是偷来的。

受予与取，皆有限度，逾分为贪。其实，认真想想，人心皆贪婪，这是一种本性。贪婪之心，需要用秉持的理念克制，需要用严密的制度限制，还需要一个良好的环境规范。这三者中，制度建设尤为重要。依赖个人品质来维系廉洁，是极为脆弱的。面对诱惑，不能高估教化所赋予的道德力量。制度是个保障，是一方不可逾矩的雷池。犹如古代，开互市则无边患，开海禁则少倭寇一样，能够和平交易，谁愿意去流血牺牲。日常生活也是如此，可以安居乐业，愿意以身试法的人毕竟很少。

没有健全的制度，但凭个人的道德抑制力则很难。杨长孺的难能可贵，正是在这样环境下的"举世皆浊我独清"。

一生清廉的杨长孺，在临死时很贫困，朋友送他几匹绸缎，他安然接受，认为是"贤者之赐"。

不要钱，是说不要不义之财。为官唯有如此，方可正气浩然，身正不怕影斜，半夜不怕鬼叫门。不唯如此，按《元明事类抄》卷——记载杂剧中的一句话所言："官不要钱，神鬼皆怕。"

古今皆然。

爱钱、惜死与好官

　　首先需要正音。出于对清官的渴望，人们极有可能将"好官"之"好"读作上声，但这里应当读作去声，如"好色"之"好"。

　　在南宋初年的战乱时期，人们渴望和平。有人问岳飞天下何时太平，岳飞回答说："文臣不爱钱，武臣不惜死，天下太平矣。"这句见于《宋史·岳飞传》的岳飞名言，流传至今，耳熟能详。大概是目睹了太多北宋末年文官的腐败和南宋初年武官的怕死，岳飞才生出这般感慨。

　　与岳飞的这句名言相映成趣的，是近日读到的清初戴名世所撰《忧庵集》中的一段话：

> 爵禄者，所以砺世磨钝也。然朝廷官人以治天下，人人好官，而天下亡；国家有不好官之人，而可以永命。

这句话是说，爵禄本来是激励人上进心的东西。不过，朝廷任用官员来治理天下，如果人人都贪恋官位爵禄，那么天下就会灭亡。国家有了不贪恋官位爵禄的人，方可以长久地存续下去。

不好官，不贪恋官位爵禄，便可以不过多计较个人利益，患得患失，就可以将更多的精力投身于公务。有了这样一大批人，事业才能兴旺发达，国家方能长治久安。从这个意义上说，"国家有不好官之人，而可以永命"。反言之，如果多数官员都贪恋官位爵禄，将官位视为牟取个人利益的工具，那么久而久之，必然会导致国家灭亡。

戴名世的这个认识，在《忧庵集》的另一段话中也有反映：

> 北方多槐，而余寓舍门外有槐二株。春深矣，叶新生，经雨辄有虫生于叶上，啮其叶且尽，而槐气象自是衰飒，绝无生意矣。虫无所附丽，堕于地，为蝼蚁所制而死。自古蠹国之臣，适以自蠹，未见其计之得也。

虫食槐叶而导致树衰，叶尽而虫坠于地，终为蝼蚁所食。戴名世由这一现象，引申出自古以来蠹国之臣像蠹虫一样侵吞国家，终和国家一同消亡。这段话等于是上面引述"人人好官，而天下亡"那句话形象的注脚。戴名世的认识是，官员作为国家的管理者，其命运与国家息息相关。"皮之不存，毛将焉附？"贪官污吏蚕食国家，国家灭亡了，便也就失去了存身之环境。

自古，"学而优则仕"，"学也，禄在其中"，读书做官是多数士人的必由之路。即使在今天，许多国家的公务员职位之所以让人趋之若鹜，"禄在其中"当是最大的诱惑。不过，官员、国家、社会、民众是一个互相依存的整体，一旦依存的平衡被打破，就会出问题。

顾炎武在《日知录》第十三《正始》讲道：

> 有亡国，有亡天下。亡国与亡天下奚辨？曰：易姓改号，谓之亡国。仁义充塞，而至于率兽食人，人将相食，谓之亡天下。……知保天下然后知保其国。保国者，其君其臣，肉食者谋之；保天下，匹夫之贱，与有责焉耳矣。

从这段话，后人概括出"国家兴亡，匹夫有责"的话语。

自学术的视点看，戴名世说"人人好官，而天下亡"的时期，并不比顾炎武晚多少。顾、戴之间，学问上似无传承关系。唯其如此，就更值得注意。我们可以观察到，在明末清初的知识人中，"亡天下"的意识已逐渐明晰。"亡国"只是王朝更替，"亡天下"则是指一种在极度道德沦丧之下的文化灭亡。

误读罢官的背后

北宋后期大观三年（1109）的殿试唱名，中书侍郎林摅把第五甲进士及第人甄彻的姓念成了"坚"，既为徽宗所指出，也为本人所否认。对此，大丢面子的副宰相林摅不仅不道歉，还进行辩解。林摅的行为当场被人讪笑，并被指为对皇帝不恭。过后御史中丞石公弼上章弹劾，林摅被罢官外放。

集英胪唱，十分隆重。在这一场合，读错人名，的确有失体统。

不过，首先应当追问，林摅为何会读错？是由于多音而误读，还是像御史弹劾的那样不学无术，抑或是还有其他的原因？

追究起来，发现其中还真有蹊跷。

同时代人叶梦得在《石林燕语》卷八对此有所披露：

> 大观三年，贾安宅榜，林彦振为中书侍郎，有甄好古者，彦振初以"真"呼。郑达夫时为同知枢密，在旁曰，此乃"坚"音，欲以沮林。即以"坚"呼，三呼不出；始以"真"呼，即出。彦振意不平，有怼语。达夫摘以为不恭，林坐贬。

读这段记载，觉得林摅是受到了同僚的算计。唱名之时，宰相和执政大臣都临场，陪伴皇帝，非常郑重。中书侍郎林摅担任唱名，身边站着的是同知枢密院事郑居中。本来在正式大声宣读之前，作为练习，林摅曾小声把甄彻的"甄"读作了"真"。不过在一旁的郑居中悄悄提醒他说，应当念"坚"。于是，林摅用"坚"把甄彻的名字大声念了三遍，也没人答应。在徽宗提示后，改为"真"字再宣读，甄彻立刻就应声出列了。

林摅向甄彻确认其姓氏的发音，甄彻的回答跟徽宗提示的一样，就是读作"真"。

在大庭广众之下，可以想象，林摅一定十分窘迫，无地自容。"彦振意不平，有怼语"的记载说明，林摅当场就责骂了提示错了的郑居中。

"甄"字的确有"坚"的读音。并且到了北宋，人们常把
"甄"字注作"坚"音。从这一点看，郑居中的提示似乎并无恶
意。不过，叶梦得对这件事的解读，则认为郑居中"欲以沮林"。
作为同时代人的叶梦得，对郑居中的行为是置放到特定的背景之
下解读的，自有其理由与理解的深度。

与叶梦得解读适成旁证的，是受到恼羞成怒的林摅责骂后郑
居中的反应。他反咬一口，当场就指责林摅对皇帝大不敬。这个
指责，后来成为御史弹劾的罪状之一。

郑居中的错误提示别有用心，当可坐实。

那么，郑居中为何要使绊子，看林摅丢丑呢？分析起来，绝
非同官相倾，用妒忌二字可以了结的。

首先，林摅是宰相蔡京的死党，从担任开封尹时，就勾结蔡
京，做了很多不得人心的事。郑居中的暗算，无论是出于政治对
立的暗斗，还是同一集团间的内讧，总之是有着政治上的背景因
素的。

此外，还有林摅自身的出身问题。宋代士大夫中的高官，几
乎皆出科举一途。并且，据我的考证，进士取得功名后，多有成

为文坛领袖、翰林学士的经历，然后方能进入政治中枢，成为执政大臣，乃至宰相。林摅也是经历翰林学士之后，才成为副宰相中书侍郎的。

不过，问题是，林摅非科第出身，是靠官至显谟阁直学士的老爸荫补入官的。后来由于巴结上了蔡京，才得以迅速升迁。李心传在《建炎以来朝野杂记》甲集卷九《非进士除内外制台谏经筵史馆事始》指出："国朝非进士出身除学士，自林彦振始。"在这句话之后，李心传注云："韩持国已省试合格，但避嫌不赴廷试。"就是说，韩维虽然在时间上早于林摅，但人家是礼部试合格了的。只不过为了避嫌，才没有参加廷试，取得进士出身。就像一个人，考上了北大的研究生却没有去念，也是很牛的。

在士大夫政治的背景下，仕不由科第进，为士大夫所瞧不起。所以许多荫补入官的人还非要再去应试进士，以获得个正正堂堂的出身。像林摅非科第出身的人，本来就让士大夫们觉得有些非我族类。这样的人居然也成了士大夫中的翘楚翰林学士，真让正派名门的士大夫气不打一处来。

因此，郑居中设计了一个小小的圈套，让林摅这个不由科第进的翰林学士，在大庭广众之下，在数百新科进士的面前出丑。

　　这样的羞辱仅仅是开始。请注意御史弹劾的罪状，不光是对皇帝大不敬，还有"不学无术"一项。

　　"不学无术"一词，虽源出汉代，但自从张咏说寇准不学无术之后，这个词在北宋便被广泛传播开来。能做到翰林学士，而被指为不学无术，可见羞辱之甚。

　　罪状之中还有一条，那便是"传笑中外"。这更是上纲上线了，上升到有辱国格的地步了。因此，即使是免去副宰相之职，外放到了地方做知州，依然没有被放过。《东都事略》卷一〇三《林攄传》载，"言者不已，提举洞霄宫"。给个闲职，一边待着去吧。

　　仅仅读错一两个字，就如此大动干戈，至于吗？

　　因为有上述因素在，势所必然。

宋代的冤案处理与国家赔偿

读宋人刘时举的《续宋中兴编年资治通鉴》，于卷一〇淳熙九年看到这样一条记载：

> 池州汪青坐盗发递角诛，后他卒事觉，知非青罪。

这段记载中的"递角"，四库本作"人冢"。按，递角乃指邮包或文书，《建炎以来系年要录》卷一八于建炎二年十一月有类似记载可参："九女涧递卒王安擅拆东京留守司递角事闻，丁亥，诏特依军法，后有犯者视此。"盖四库馆臣不解此语，妄改为"人冢"。于是，"发人冢"便成掘坟盗墓，与私拆邮件之意大相径庭。《宋史全文》的四库本在卷二七记载此事之处记作"池州汪青坐盗发递青诛后，他卒事觉，知非青罪"。也属于四库馆臣不解"递角"，误以为"角"乃"青"字之形讹而臆改。今人李之亮氏据四库本标点《宋史全文》，只好标作："池州汪青坐盗发递，青诛后，他卒事觉，知非青罪。"意不甚属，亦无他策。

汪青就是递卒，就是今天的邮递员。当时是军邮，属于军队系统，所以叫"递卒"。在今天，邮递员私拆邮件也属于违法。当时处于宋金对抗的紧张形势之下，处罚更为严厉。

汪青是隶属于池州的递卒。事情发生在池州。《续宋通鉴》在记载汪青处死实属冤枉之后，还记载了对处理此事官员的处理："诏推勘官吏赵粹中落职，余责罚有差。""推勘"犹言调查。就是说对处理这一事件的官员，从主要负责人到相关人员都做了处罚。

我们还是先来看汪青事件。南宋楼钥的《攻媿集》卷九八载有《龙图阁待制赵公神道碑》。这就是被处罚官员赵粹中的神道碑。对于赵粹中来说，这次处罚也是他人生中的大事，神道碑中肯定会有所记载。阅读之下，果然发现了关于此事的记载：

> 初，递卒汪青私启递筒，实以匿名书，至彻宸听。狱成，具奏，公因言："事关边徼，此而不惩，恐有甚于此者。"上深以为然，遂处极典。

这里说的"递筒",亦即"递角"。以形制而言,大约是将邮件放在竹筒之类的筒状容器之中,故名。

此处记载很有意思。递卒打开了什么样的邮件,打开邮件的目的又是什么,从神道碑的记载可以窥知一二。

从赵粹中所说"事关边徼"来看,这是一通来自边防前线的重要书信。从"至彻宸听"可知,这通重要的书信是直接寄给当时的皇帝宋孝宗的。大胆的递卒打开递筒,把邮件调了包,或是加进了私货,放进一封匿名信。

至于递卒为何要这样做,背后的隐情已难以窥得。从匿名信的形式来看,或许私开递筒的人有着天大的冤屈,上告无门,情不得已,才冒大不韪这样做的。因为根据建炎时期处理这类事件而形成的惯例,私开递筒是要被处死的。不过,用这样的方式,告状信便可直达京城,皇帝可以寓目。

可以想象,当皇帝身边的人开封递筒,发现里面的信件内容居然与发信人全然无关,皇帝该是何等的震怒。

追查下来,线索很清楚,就是出在池州。于是,经手邮件的递卒汪青百口莫辩。有建炎年间的先例在,再加上主管官员主张严惩，因而汪青就丢了性命。

或许上天有眼，在汪青被处死几年后，这件事情又有了意外的展开。

正如前引《续宋通鉴》所云"后他卒事觉，知非青罪"。原来这件事是其他递卒干的，汪青不明不白地当了替死鬼。真相大白或许是出于偶然，或许是出于汪青家人坚持不懈的上访申冤。

既然事情已经真相大白，错误处理此事的官员就要处罚。主管官员赵粹中便首当其冲。据神道碑记载："八年，台评以为疑，公坐镌职。"

神道碑记载，此事是赵粹中在担任池州知州时处理的，大约在淳熙四年（1177）春到六年（1179）春之际。在遭到处罚时，赵粹中已经离职，担任提举江州太平兴国宫这样的闲官。对他的处罚是落职。落的是什么职呢？宋代官员的头衔中，有官有职有差遣，职是名誉性头衔。据神道碑记载："（淳熙）五年冬，诏郡政修举，实惠及民，升龙图阁待制，民为立生祠。"他落的职就是龙图阁待制。

看来，这个赵粹中还是个为民谋福的好官。他的错误是调查与判断的过失。因此《皇宋中兴两朝圣政》卷五九在记载此事时，称为"失入官吏赵粹中"。"失入"是指轻罪重判，这在宋代属于"公罪"，亦即行政过失。任何时代，只要做事，都会出现过失。所以范仲淹说过一句名言，叫做"公罪不可无，私罪不可有"。当然范仲淹是从不畏担责积极任事的角度说的。

不过，官员的公罪对于普通百姓来说也很可怕。一个小小的邮递员汪青就因此掉了脑袋。或许他有妻小双亲要养活，他的死，让一个家庭塌了一片天。

误判误杀，对赵粹中等相关官员的失误要进行处理，对被杀的汪青家属也要有个交代。《中兴两朝圣政》对此也有所记载："青家支给五年。"《续宋通鉴》和《宋史全文》的记载也完全相同。

上述三书除了记载对过失官员的处理和对冤死家属的赔偿，还都没忘对皇帝的颂扬。《中兴两朝圣政》载："王淮奏，陛下念一夫之冤，存恤其家，恩及幽明矣。"王淮是当时的宰相。有错必纠，理所当然。纠错还要称颂，还要人感恩戴德。自古以来就有这样的奇怪逻辑。

由于皇帝参与了此事，于是这件事的最后处理结果便成为皇帝的圣德，在国史本纪中也被写上了一笔。国史本纪的记载反映在《宋史》卷三五《孝宗纪》淳熙八年十一月之中：

> 庚寅，前池州守赵粹中误斩递卒汪青落职，仍诏给青家衣粮十五年。

《宋史》本纪的记载与上述诸书有所不同：第一，时间是在淳熙八年，而非淳熙九年。第二，国家赔偿不是五年，而是十五年。并且赔偿的内容比较具体，是穿衣和吃饭。就是说，宋朝政府误杀了一个邮递员，就要管这一家人十五年间的穿衣和吃饭。这与今天一些国家对民事案件的处理有类似之处。即按死亡人从死亡之日到退休之时的收入进行赔偿。

误杀，无疑是不该发生的坏事，对于一个生命来说更是不可挽回的悲剧，但有错必纠，进行巨额赔偿，还是让人感受到了近千年前的人性温度，也感受到了一个王朝的恢宏气度。

两宋，各自撑柱一百五六十年，良有以也。至少，有一方面包含：民心的撑柱。

宋代官员不法案件的处置

最近，作《宋史翼笺证》，在卷五《王古传》读到如下一段记事：

> 华亭县邵奇诉张若济修河冒赏，受吕惠卿、郑膺请，强夺民田。命古究治，劾惠卿党转运使王庭老、张靓不公失职，皆罢之。

事件记载过于简略，语焉不详，作笺证一定要追踪史源，因此，我在李焘的《续资治通鉴长编》卷二六九熙宁八年十月找到了这段记载的原始出处：

> 癸丑，诏罢两浙转运使王庭老、张靓，令于润州听旨。先是，太子中允邵奇知华亭县，诉张若济兴修泾河功利不实，

冒恩赏及受郑膺私请，强夺民田等三十余事。庭老、靓却不受，于是司农寺主簿王古体量两浙路灾伤，劾奏庭老、靓不公失职，故罢之，仍委古究治。

这段原始记载，比《宋史翼》的记载多出一些内容，主要是被告张若济的一些罪状，以及作为监司的王庭老、张靓不受理告发，而被刚好受命在两浙路考察受灾情况的司农寺主簿王古得知而弹劾，所以才有了两浙转运使王庭老、张靓被罢免等候处理的结果。

不过，《长编》的记载通篇没有像《宋史翼》那样提及吕惠卿的名字。这并非《长编》为吕惠卿避讳，而是把记载放到了另一处。我们如果看了《长编》的另一处记载，便会对整个事件有更为清晰的认识。《长编》于上述记载之前的卷二六八熙宁八年九月载：

辛巳，命司农寺主簿王古鞫前秀州通判张若济赃罪以闻。御史中丞邓绾言："若济先知华亭县，参知政事吕惠卿及其诸弟与之密熟，托若济使县吏王利用借富民朱庠等六家钱四千余缗，于部内置田，利用管勾催收租课等事，乞施行。"故有是命。始若济去华亭，大理寺丞上官汲为代。若济受民吴湘等银九百余两，后以两浙转运副使王庭老等荐，通判秀州。

若济疑汲在华亭发其奸，收付狱，汲止坐违法差人冲替。汲妻高氏诣登闻以诉。会提点刑狱卢秉亦按若济赃，试将作监主簿郑膺者，惠卿舅也，若济资膺钱五万入京请求，又阴使人窃旧案牍焚之，匿其枉法罪，止坐受所监临，追三官勒停，送衡州编管。汲讼不已，于是绾受其言，因劾惠卿与若济交结状。绾借若济事以攻惠卿，盖王雱意也。

这段不太短的记载实在是可圈可点，在弄清事情的来龙去脉以外，还能读出一些事件的背景因素。

被告人张若济，是一个劣迹斑斑的贪官。在邵奇告发的30件罪状中，相当于中央纪检委书记的御史中丞邓绾提及了几件。其中有张若济离任后，怀疑后任知县上官汲告发他的种种劣迹，竟然设法将上官汲送进监狱。又据当地的检查长提点刑狱卢秉的调查，张若济为了掩盖罪行，给了郑膺五十贯钱，要他进京打点。因为郑膺是当时炙手可热的副宰相参知政事吕惠卿的亲戚。张若济一方面花钱消灾，一方面还指使人偷出有关档案加以销毁。

这些手段显然是起了作用，罪大恶极的张若济只是受到比较轻的处罚。

张若济何以有如此之大的能量？可以让当地的监司不受理举

报，可以把平级的后任送进监狱，可以偷出档案销毁。

上述的史料已经有了披露。张若济有背景，京城有靠山。这个靠山就是副宰相吕惠卿。张若济不仅是通过郑膺与吕惠卿拉上关系，早在担任华亭知县时，便已与吕家熟识，为吕家在华亭空手套白狼，聚敛买地，并指使胥吏收租。

正因为有这样的利益关系存在，张若济才有恃无恐，地方监察机关也不敢受理举报，罪行暴露后还敢大肆活动。

不过，张若济最终还是受到了制裁。

张若济最终能够受到制裁的因素也很多。

首先是来自一个女子不依不饶的抗争。受到栽赃冤枉的后任华亭知县上官汲的妻子高氏咽不下这口气，亲自出头露面，到京城上访，告到可以击鼓鸣冤的登闻鼓院，将事情公开，从而引起了皇帝的重视，指示正在当地考察灾情的司农寺主簿王古调查此事。由于皇帝发了话，当地的监察部门也开始配合调查，这才让张若济受到了制裁。

以上就是张若济事件的来龙去脉。

从上述事实中，可以窥见宋代官场黑暗的一面，地方官员上下勾结，鱼肉百姓，索贿受贿，任意诬陷，无法无天。还可以看到，也有像王古这样伸张正义的官吏。更可以看到，宋代的女子也不弱，居然敢于抛头露面上访告状。

然而，张若济事件并不单纯。从上述史料披露中，我们还可以看到张若济事件背后的政治背景。"绾借若济事以攻惠卿，盖王雱意也。"原来，是王安石的儿子王雱指令御史中丞邓绾，利用张若济事件来打击已经成为政敌的吕惠卿。因为在当时，原为政治改革搭档的王安石与吕惠卿，关系已经出现了裂痕。《长编》在同卷就记载吕惠卿"前后与安石议论不合"，还与王安石争辩更改经义之事，并且为此事竟然提出过辞职。在这样的背景下，张若济事件给了王安石打击政敌的机会。

华亭狱案，研究王安石变法者耳熟能详。

一件普通的官员不法事件的处理，居然藏有一个很大的政治背景。当然，研读史料，还须注意载笔者所持的立场。围绕王安石变法，新旧党争激烈。对上述史料，也须有分析地看待。

不过，政治的结果由合力而形成，则不容置疑。

宋代案件的异地审理

近年来，各种重大案件异地审理的事例屡屡见诸报端。这种方式的实行，大概有割断当事人在当地的人情网络，寻求司法公正的意图。

这种异地审理案件的方式，其实也并非近年来的新发明，不敢说古已有之，至少在宋代的案件审理中便已经常运用。

近日整理晚清陆心源编纂的《宋史翼》，在卷一《吕希道传》看到这样一段记载：

（吕希道）除知澶州。河朔保甲，白昼持梃公为盗。教队巡检和德挟提举司势，因缘枉法，掠聚货贿，监司隐忍不敢诘。希道一日发其赃状，僚属皆惶恐。希道即独奏其事，捕德下狱。提举官闻之，驰驿至澶，取保甲囚尽释之。希道曰："山可移，狱不可变。"既穷治，取其首领于劫掠处斩之，余皆配隶。澶人感泣。朝廷亦命他路监司审其狱，皆实，重贬德。

在曾经缔结"澶渊之盟"的澶州，负责地方治安的保甲，在大白天竟然执法犯法，公然抢劫，形同盗匪。但由于他们的头头和德很有势力，在州之上路一级的提举保甲司有靠山，因此，负有监察之责的监司，包括提点刑狱司，由于是跟提举保甲司属于平级的中央派出官署，对于和德一伙的公然犯罪，一直是睁只眼闭只眼地隐忍着。不过，这种状况伴随着新任知州吕希道的到来，很快就要结束了。

吕希道揭发了和德一伙的犯罪劣迹。吕希道插手这件事，让他的下属很担忧，很害怕。这是因为，上面路一级的监司都对和德一伙的犯罪退避三舍，不管不问，在地位上低于监司的州衙门就更无能为力了。卷入这件事，恐怕不仅扳不倒和德，还会招致打击报复。此外，同在一地，官员们或许还跟和德有着千丝万缕的利益牵连和人情往来。

在这种状况下，与当地没有利益和人情牵扯的吕希道，毅然决定独自办案，他一方面向朝廷报告，一方面将和德逮捕归案。

果然，这件事立刻惊动了和德的靠山提举官。这个人居然亲自出马，星夜赶到澶州。一到澶州，就要把关押在监狱中的犯罪保甲全部释放。这时，知州吕希道则一口拒绝了提举官的要求，以"山可移，狱不可变"这样强硬的话语，表达了他要穷追到底的决心。在弄清犯罪事实后，他把首犯押到抢劫地点，予以公开处斩，其他从犯发配充军。吕希道的行动，给澶州百姓出了一口冤气，因此"澶人感泣"。

不过，对于这一犯罪集团的总头目和德，接获报告的朝廷，则表现得比较慎重。"亦命他路监司审其狱"，就是在吕希道审理的基础上，避开和德所在路的监司，来复审此案。这与今天的异地审理并无二致。审理的结果，是吕希道所揭发的犯罪事实全部坐实，和德被严肃处理。

在宋代，对案件的异地审理并不是只有这一件个案。在《宋史翼》卷二《姚勔传》中，也可以看到类似记载：

> 臣（姚勔）伏见颍昌府所勘赵仁恕公事，已见情理，欲结正之次，只因仁恕父彦若奏论，称本路监司挟情捃拾，意谓其子无赃污等事，以为枉陷非辜。朝廷从此下别路差官推勘。

这是从姚勔奏疏中披露的事实。"下别路差官推勘",也是异地审理。

这是分别发生于北宋中期和后期的两件案例。

观察上述这两件案例,第一例是由于案情重大,并且与所在路的同级官员有牵连,才移交其他路监司审理的。第二件则是当事人家属对本路监司的审理不满,提出异议,才交由他路审理的。

在宋代,异地审理既非常例,亦非变例。对一些重大或复杂的案件,规定异地审理的目的,是试图摆脱来自内外的干扰,从而查清事实。

在人情大于王法的乡土中国,如何保证司法公正,是自古以来的课题。

当拆迁遇上范仲淹

还是先解题，文章题目的意思并不是范仲淹本人被拆迁，而是讲范仲淹遭遇到强行拆迁这类事情是如何处理的。

强行拆迁一度是广受关注的社会问题。其实，历朝历代都存在类似的问题。在将近一千年前的北宋，这样的强行拆迁就让范仲淹遇上了。

庆历元年（1041），管勾环庆路部署司事的范仲淹巡视到邠州，下车伊始，便遇到了上访告状的。据《范文正公言行拾遗事录》卷三记载，百姓王昭玮一干人等呈上诉状，说"官中修营，占却园地，拆了屋舍"。

由于防御西夏进攻，往地处前线的陕西调去大量兵马。军队需要住房，于是就征用民间土地、园林、房舍，来修建营房。王昭玮等人就被占据了园林，并拆掉了住房。

西北军兴以来，这类事情不少。所以对应拆迁，朝廷下达过具体规定。《范文正公言行拾遗事录》卷三引述了这一规定：

> 康定二年五月十四日，中书省札子："陕西军州如有因修展城郭、仓库、草场、营房等，但系侵占人户地土去处，并令将系官空闲地，许人户请愿指射，官司给还。若无地土，即取索本主元买契，比类邻近地段买置价例，支还本钱。"

康定二年十一月改元庆历。就是说范仲淹接受上访，是关于拆迁有了明文规定的当年。仔细观察，这个规定颇为合理。就是说，出于军事需要，修建城郭、仓库、草场、营房等设施，在占用百姓的土地家屋时，要允许被占用拆迁的百姓根据自己的意愿，自由挑选官府所有的空闲土地。如果当地官府没有空闲土地可以提供给拆迁户建设新居，就要依据拆迁户的当年买地契约，再比较与拆迁地邻近土地的地价，支付土地补偿费。

考察传统社会的许多法制与政策规定，并不乏合理性。问题往往出在对法律或规定的执行上。就是说拥有严密的法制，却缺少严格的法治，法制被执法人扭曲变形走样。

王昭玮等人向到来的最高军政长官上诉，"乞估计合支价钱"。很显然，这些人没有得到土地，所以要求官府估算后，支付土地补偿费。

对于百姓的陈诉，《范文正公言行拾遗事录》记载了范仲淹的处理："公体问得邠州称，绕城侧近，并无空闲官地给还。公遂委安平知县李仲昌访地，所估到王昭玮等合支价钱，牒邠州，请依上项条贯支给逐人价钱去讫。"

大约是范仲淹追问为何没有按规定给王昭玮等人赔偿的土地，邠州回答说，在州城附近的好地段官府没有土地。于是，范仲淹委托安平知县李仲昌前往调查估价王昭玮等人的土地价格。李仲昌估计是王昭玮等人原住地的知县。但检《宋史·地理志》，邠州下辖无安平县，而有"新平"与"定平"二县，《范文正公言行拾遗事录》所记，当为其中一误。李仲昌将土地价格调查核准后，报告给了范仲淹。范仲淹给邠州发文，要求依照上述朝廷规定，支付百姓的土地补偿费。

本来，事情到这里就该结束了。不料，一波三折，老百姓办成点事情很难。邠州又根据转运司的一项规定，"修营占却人户地基，却令兑换系官空闲地土，拨还却，勾收已支价钱赴军资库送纳"，向这些百姓索还已经支付的土地赔偿金。尽管这样做也是有道理的，或赔地，或赔钱，只能占一份，不能两份都得，官府也不会做赔本买卖。但不知哪个环节出了问题，百姓并没有得到土地，却还要被索还已得到的土地赔偿金。有人从中捣鬼，中饱私囊，坑害百姓，亦未可知。

范仲淹听说了这种后续结果，十分生气，他说：

> 诸州自来修造营房，只是踏逐官地，不许毁人户见宅、邸舍、物业。其邠州便将人户见住物业毁拆，逐起人户无处存活。既无官地兑还，即合给还价钱买屋。当司支与钱物，其人户当已破费。虽准转运司指挥令将空闲官地兑还，既无官地，即合回申转运司，岂得便却例行催纳已支价钱，侵害人户？

范仲淹是说，各州修建营房，一般都是利用官府土地，不允许拆毁百姓正在居住和使用的房屋、邸舍、物业。但邠州的做法却无视这样的原则，强行拆迁，让百姓无处居住，无法生活。在这里，范仲淹还愤怒地说，既然官府没有土地可给，就应当给钱让百姓买房。既然给了钱，百姓就有可能已经花销，尽管依照转运司的指示，应当提供官府土地，但官府没有土地可给，就应当汇报给转运司，怎么还能催还已经给付的土地赔偿金，来为难百姓呢？

最后的处理结果是："勾到本州元行典级王益等勘杖一百断遣，所有人户地土价钱，牒邠州依条支还。"就是说，痛打了催逼百姓的一干官吏各一百军棍，并责令邠州归还百姓的土地赔偿金。范仲淹的处理，痛快淋漓。

强行拆迁，过后又处置不当，作为地方军政首长的范仲淹遭遇到这样的事情，按照规定，最大限度地维护了拆迁户的利益，处理合理且充满人情味。

"福至在朱门，祸来先赤子。"范仲淹在他的《上汉谣》中吟诵过这样的诗句。早在天圣五年（1027），他为母亲服丧之时，在呈给大臣的《上执政书》中就指出："中外方奢侈矣，百姓反困穷矣。"较之正式的奏疏或书启，诗应当说具有更多的真情流露。他在《依韵酬吴安道学士见寄》中就这样写道："岂辞云水三千里，犹济疮痍十万民。"他还在《送郧乡尉黄通》一诗中告诫刚刚步入仕途的年轻人："勿言一尉卑，千户系惨舒。"

出身贫苦的范仲淹，对弱势百姓充满了同情。他为官，在许多情况下，的确有明确的意识，为百姓代言。"居庙堂之高，则忧其民。"

屠牛之禁

　　牛，作为家畜，实在不可轻视。牛耕与铁制农具的导入，使生产力获得飞跃性的发展，带来的农业革命，甚至改变了春秋时期的社会结构。阡陌开而井田坏，于是出现了"初税亩"。这主要是牛的力量。当时牛耕的普及，从孔子弟子名字上，便可见一斑。比如司马耕字子牛，冉耕字伯牛。

　　迄至两千年后的今天，人类甚至可以登上月球，走向宇宙，却依然还未能完全脱离牛耕。

　　自古以来，牛是农耕民族最亲密的朋友。在以农为本的中国，尤其如此。因此，历朝历代都对耕牛保护有加，颁布许多禁止屠宰耕牛的法令。最近，在东洋文库的研究会上，一起研读了这样一条宋代的有关史料，很有些意思。至少，引起了我的一些思考。

《宋会要辑稿》刑法二之五四载：

（大观四年）三月二十七日，臣僚言："伏见无知之民日以屠牛取利者，所在有之。比年朝廷虽增严法度，然亦未能止绝。盖一牛之价不过五七千，一牛之肉不下三二百斤，肉每斤价直须百钱，利入厚，故人多贪利，不顾重刑。臣窃谓力田为生民之本，牛具为力田之本，若不禁屠牛而觊稼穑丰登，民食富足，诚不可得。况太牢唯祀天与祖，祭神亦不敢用，今贪利之民计会上下，只作病牛倒死，申官披剥。因缘屠不畏官司，肉积几案，罗列市肆。冒法而不为禁、啖食而不知忌如此，非所以尊崇神祇，申严命令。伏望特下有司立法，凡倒死牛肉每斤价直不得过二十文。如辄敢增添者，约定刑名，其买卖人并同罪，许人告捉。肉既价贱，则卖者无利，虽不严禁增赏，自绝其弊。"诏告获杀牛赏依元丰格，并见行断罪，并令刑部检坐申明行下，常切遵守施行。

尽管牛是农民的朋友，牛肉也是美味佳肴。因而牟利商人也会打法律的擦边球，买通官吏，把耕牛作为病牛屠宰贩卖。上述史料中，上奏的官员算了一笔账：一头牛的价格大约是五千到七千钱，宰一头牛可以出肉二三百斤，每斤牛肉的价格在一百钱左右。就是说，宰一头牛竟然可以卖到两三万钱。牛肉价格是活牛价格的五六倍。

人们都熟悉马克思在《资本论》中引据的一句话："有50%的利润，资本就会铤而走险；为了100%的利润，资本就敢践踏一切人间法律；有300%以上的利润，资本就敢犯任何罪行，甚至去冒绞首的危险。"商人追逐利益，不仅限于资本主义社会，自古而然。

活牛价格五六倍的牛肉，带来的利益已不止300%了。因此，屠宰耕牛，"不畏官司"，屡禁不止。"肉积几案，罗列市肆"。卖的敢于冒法，买的也无忌讳。这种状况让政府感到很棘手难办，因为名义上屠宰的都是病牛，在法不禁。

在合理合法的名义下，干不法勾当。这类事情，不限于屠牛，古往今来，所在多有。然而，皆知其恶，却无法惩恶，法律有时也无力。

不过，上述官员奏疏中提出的处理方法，则很有启发意义。

牛肉每斤百钱，比较活牛，这是莫大的暴利。因此，上奏官员想到了在牛肉价格上做文章。要求强行压下牛肉的价格，使每斤牛肉的价格不超过20钱。这样一头牛的牛肉即使完全卖出，所得顶多与活牛相当。如此一来，不仅几乎无利可图，在没有冷藏设备的古代，还要冒牛肉变质的危险。这个官员说，"肉既价贱，则卖者无利。虽不严禁增赏，自绝其弊"。

这样的建议，充满了管理智慧。运用经济头脑，施以价格的杠杆来进行调控，有时可以大过法律的力量。自然，法律的制约与经济的调控，属于互补。既为互补，便不可或缺。双管齐下，相得益彰。

力遏不如巧禁，思路和方法很重要。以治水为喻，鲧一味阻遏而无功，禹善于疏导则事成。想到疏导，是思路的转换。实施疏导，是方法的改变。细细思忖，立法者、行政者应当可以从这件禁屠个案中获得极大的启发。

立法之际，施政之时，认真想想，杠杆的支点当在何处。行不通时，思路与方法就该改变。

人类的智慧，犹如数学的无穷大，潜力无限。纵观数千年人类文明史，从蒙昧未开到科学民主，人类一直在发挥智慧，让这个世界不断进步。政治体制、经济运作、社会管理，从微观到宏观，人类日益探索出更臻完美的方式。从不完善到完善，一步一步走向未来。

　　长河不断，历史启智。智慧既来自眼下的实践，也来自前人的经验。屠牛之禁，浮想联翩。

层累生成的"只许州官放火"

俗语"只许州官放火，不许百姓点灯"，人尽皆知。

百度百科解释这一俗语说："允许当官的放火胡作非为，不允许老百姓点灯照明。形容统治者可以为所欲为、胡作非为，而人民的正当言行却受到种种限制。亦泛指自己任意而为，反而严格要求别人或不许他人有正当的权利。"

在这一解释之前，百度百科还讲述了一段典故：

北宋时，常州的太守名叫田登，为人专制蛮横，因为他的名字里有个"登"字，所以不许州内的百姓在谈话时说到任何一个与"登"字同音的字。于是，只要是与"登"字同音的，都要其他字来代替。谁要是触犯了他这个忌讳，便要被加上"侮辱地方长官"的罪名，重则判刑，轻则挨板子。不少吏卒因为说到与"登"同音的字，都遭到鞭打。一年一度的元宵佳节即将到来。依照以往的惯例，州城里都要放三天焰火，点三天花灯表示庆祝。州府衙门要提前贴出告示，让老百姓到时候前来观灯。可是这次，却让出告示的官员感到左右为难。怎么写呢？用上"灯"字，要触犯太守；不用"灯"字，意思又表达不明白。想了好久，写告示的小官员只能把"灯"字改成"火"字。这样，告示上就写成了"本州依例放火三日"。告示贴出后，老百姓看了都惊吵喧闹起来。尤其是一些外地来的客人，更是丈二和尚摸不着头脑，还真的以为官府要在城里放三天火呢！大家纷纷收拾行李，争相离开这是非之地。当地的老百姓，平时对于田登的专制蛮横无理已经是非常不满，这次看了官府贴出的这张告示，更是气愤万分，忿忿地说："只许州官放火，不许百姓点灯，这是什么世道！"

百度百科这段不短的文字讲得绘声绘色。其实，这是从陆游一段很短的文字演绎铺叙而来的。

百度百科也引述了陆游《老学庵笔记》卷五关于这一典故的记载："田登作郡，自讳其名，触者必怒，吏卒多被榜笞。于是举州皆谓灯为火。上元放灯，许人入州治游观。吏人遂书榜揭于市曰：'本州依例放火三日。'"

比较《老学庵笔记》的记载，可以看出百度百科在铺叙时又添加了不少原本没有的事实。

从陆游的记载看，这个田登的确很霸道。不过，陆游的记载也有许多事实不明之处。比如这个田登是在何时何处担任知州，这件事的后续发展又如何，等等。陆游并不清楚详细的事实，可见这一记载也是来自播于人口的道听途说。

其实，关于这一"放火"事件，可以找到比陆游更早的记载。

南宋初期流寓到南方的庄绰在《鸡肋编》卷中记载：

> 世有自讳其名者，如田登在至和间为南宫留守，上元有司举故事呈禀，乃判状云："依例放火三日。"坐此为言者所攻而罢。

由这一记载可知，田登是在北宋仁宗至和年间（1054—1056）在南京应天府担任相当于知州的留守。据这一记载讲，田登是"自讳其名"，不愿意直书己名而写成"放火"。

农历正月元宵节期间燃点花灯供人游赏的习俗由来已久，这一活动至少到明代为止都称作"放灯"。明人沈德符《万历野获编》补遗卷三就载有《元夕放灯》一条。故而"自讳其名"的田登将"放灯"写成"放火"。大约田登作如是想，灯火，灯火，灯即火也，易之亦无妨。不过，写成"放火"，就成了纵火，就成了"杀人放火受招安"的恶行之一种。

值得注意的是，《鸡肋编》的记载中并没有像陆游所说的田登"触者必怒，吏卒多被榜笞"的恶行。并且，也没有提到"举州皆谓灯为火"的事实。不过，却有"坐此为言者所攻而罢"的后续事实，就是说田登遭到台谏的弹劾而丢了官。

那么，与《老学庵笔记》有出入的《鸡肋编》的记载，是不是更为可信呢？还需要有史料实证。

除了《鸡肋编》，这一"放火"事件，还真的能寻觅到其他记载。北宋宰相蔡京的儿子蔡绦所撰《铁围山丛谈》卷四载：

> 又有田殿撰升之登者，名家，亦贤者也，绵历中外。一日，为留守南都，时群下每以其名"登"故，避为"火"。忽遇上元，于是榜于通衢："奉台旨，民间依例放火三日。"遂皆被白简。至今遗士大夫谈柄，不可不知。

　　这是比《鸡肋编》还早的记载。这条记载，不仅与《鸡肋编》适成旁证，还披露了新的事实。

　　从这一记载看，职为集贤殿修撰的田登出身官宦世家，并且是个人品不错的人。并没有"自讳其名"的行为，而"触者必怒，吏卒多被榜笞"和"举州皆谓灯为火"云云，更是事实无根，捕风捉影。不过，"依例放火三日"的告示，则为属实。

　　然而，仔细阅读这段记载，由"群下每以其名'登'故，避为'火'"一句可知，避长官名讳，以灯为火，并且在上元节张贴"放火"告示的，都是媚上的下属行为，将"只许州官放火"的罪名扣在田登头上，实在是冤枉。

　　《鸡肋编》记载田登在仁宗至和年间为南京留守的时间当误。承友人见教，田登担任南京留守的事迹还见于王明清的《挥麈余话》卷二所载，具录如下：

> 　　宋道方毅叔以医名天下，居南京。然不肯赴请，病者扶携以就求脉。政和初，田登守郡，母病危甚，呼之不至。登怒云："使吾母死，亦以忧去。杀此人，不过斥责。"即遣人禽至廷下，荷之云："三日之内不瘥，则吾当诛汝以徇众。"毅叔曰："容为诊之。"既而曰："尚可活。"处以丹剂，遂愈。

田喜甚，云："吾一时相困辱，然岂可不刷前耻乎？"用太守之车，从妓乐，酬以千缗，俾群卒负于前，增以彩酿，导引还其家。旬日后，田母病复作，呼之，则全家遁去，田母遂殂。盖其疾先已在膏肓，宋姑以良药缓其死耳。

田登知南都。一日词状，忽二人扶一癃老之人至庭下，自云："平日善为盗。某年日某处火烧若干家，即某为之。假此为奸，至于杀人。或有获者，皆冤也。前后皆百余所，未尝败露。后来所积既多，因而成家，遂不复出。所扶之人，即其孙也。今年逾八十，自陈于垂死之际，欲得后人知之而已。"登大惊愕，命左右缚之，则已殂矣。

这两段记载，对田登来说，都是负面事迹。传闻之辞，须做分析，方可用之褒贬。但这两条史料对确认田登任官的地点与时间具有重要的佐证价值。

王明清在上述两则记载之后，都注明来自"程可久云"。可久为程迥之字。程迥，《宋史》卷四三七有传。据《宋史》本传，程迥就是南京应天府人。靖康之乱，举家南迁，三十多年后，登孝宗隆兴元年进士第。由这样的经历看，程迥虽为南京人，但在田登担任南京留守时，年纪尚幼，当是闻自长辈所言。对田登如何评价，另当别论，但通过程迥这个间接当事人的叙述，可以坐实的是，田登担任南京留守当无疑问，并且是在徽宗政和年间。

这就说明《鸡肋编》所云"至和间"不确。"至和"当为"政和"之误。两个时代的时间差出将近七十年。

当然，田登为人或亦有可议之处。在从南京留守任上罢黜之后，田登又曾被重新起用，然而，嗣后又再次因事被罢免。这次罢免见于《宋会要辑稿·职官六九》记载：

（宣和四年六月）二十一日，新知河中府田登提举西京嵩山崇福宫。以言者论其守郡轻脱，人所嗤鄙故也。

政宣年间，也正是《铁围山丛谈》作者蔡绦生活的时代。因此，《铁围山丛谈》关于田登"放火"事件的记载，最为可信。其次是南宋初年成书的《鸡肋编》的记载，于事实已有一定程度的偏离，把下属的行为说成了是田登的行为。晚出的陆游《老学庵笔记》记载此事，则开始变形，与事实大相径庭。而绘声绘色描述此事的百度百科，则近乎小说家言了。

顾颉刚先生所言"古史是层累地造成的"，田登"放火"，亦为一证也。影像愈到后来愈清晰，故事愈到后来愈生动，然而，偏离事实亦愈远。

千秋万世，田登从此被恶名。从士大夫间口耳相传，到"只许州官放火，不许百姓点灯"俗语的形成，田登百口莫辩。曹雪芹在《红楼梦》第七十七回也用了这句俗语："可是你'只许州官放火，不许百姓点灯'。我们偶说一句妨碍的话，就说不吉利。"

解析放火事件，除了历史学的思考之外，还可以看到的是，世间恶事，多出于帮凶。上边一盏幽灯，下边一片火海。

不过，话说回来，因放火事件而形成的俗语"只许州官放火，不许百姓点灯"，不仅成为后世无助的百姓发泄怨忿的现成话，也让田登千古留名。

长安居大不易

五代王定保《唐摭言》卷七载：

> 白乐天初举，名未振，以歌诗谒顾况。况谑之曰："长安百物贵，居大不易。"及读至《赋得原上草送友人》诗曰"野火烧不尽，春风吹又生"，况叹之曰："有句如此，居天下有甚难！老夫前言戏之耳。"

这段顾况拿白居易名字开玩笑的逸事，众所周知，耳熟能详。京师首善之地，亦为政治、文化中心，不仅今日有"北漂"，自古即如星拱北斗，辐辏云集，各色人等，都往京师扎堆。人多口众，物价高腾，势所必然。所以，顾况既是拿白居易的名字开玩笑，"长安百物贵，居大不易"云云，道出的也是实情。在今天，北漂一族，混得好的，可以脱颖而出，而蚁族而居者亦绝非少数。长安"居大不易",实乃自古而然。

能写出"野火烧不尽,春风吹又生"的白居易,自然如顾况后来所言,拥有如此才华,满天下到哪里都居之不难。清初有"南朱北王"之誉的王士禛,常年在京师做官,颇为自得地将白居易的典故反其意而用之,将自己的一部笔记题名为《居易录》。不过,能在物价高昂的京师滋润地生活的,自古以来当亦为数不多。

不仅唐代的顾况慨叹"长安百物贵,居大不易",宋代的开封也是"居大不易"。

近日读王安石。宋代旧制,进士高第在初官任满之后,可以献文求试馆职。在中央担任馆职,可谓是近水楼台的清要之职。在宋代士大夫政治的格局之下,士大夫精英多经馆职这条渠道走向高层,一般馆职,知制诰,翰林学士,执政,宰相,这是一条捷径。但以进士第四名登第的王安石,做了一任地方小官之后,却没有遵循这一仕途捷径,一任又一任地做地方官,一直没有提出召试馆职的请求。在奔竞之风甚盛的北宋官场,王安石的行为堪称一道独特的风景,众口称赞其恬然退静。后来宰相文彦博在推荐的上疏中如此称赞王安石:"安石凡数任,并无所陈,朝廷特令召试,亦辞以家贫亲老。且馆阁之职,士人所欲,而安石恬然自守，未易多得。"

　　众口称赞王安石恬然退静，连宰相文彦博也认为王安石所说的"家贫亲老"是推托之辞。其实，王安石说的是实情，"家贫亲老"正是王安石屡屡辞退朝廷召试的苦衷，因为他也深知"长安百物贵，居大不易"。宰相文彦博推荐之后的皇祐三年（1051），王安石在写给皇帝的《乞免就试状》中讲道：

　　　　准中书札子，奉圣旨，依前降指挥发来赴阙就试者。伏念臣祖母年老，先臣未葬，二妹当嫁，家贫口众，难住京师。比尝以此自陈，乞不就试。慢废朝命，尚宜有罪，幸蒙宽赦，即赐听许。不图逊事之臣，更以臣为恬退，令臣无葬嫁奉养之急，而逡巡辞避，不敢当清要之选，虽曰恬退可也。今特以营私家之急，择利害而行，谓之恬退，非臣本意。兼臣罢县守阙，及今二年有余，老幼未尝宁宇，方欲就任。即今赴阙，实于私计有妨。伏望圣慈察臣本意止是营私，特寝召试指挥，且令终满外任，一面发赴本任去讫。

　　在这封《乞免就试状》中王安石讲得明明白白，不是出于清高恬退，而实在是有"祖母年老，先臣未葬，二妹当嫁，家贫口众"的苦衷，"难住京师"，因此才辞退召试的。

几年后的至和元年（1054），王安石被任命为集贤校理。此时的王安石，家境不仅没有改善，而且较以前更为困难。因此，他再次推辞就任。王安石在第四封《辞集贤校理状》中讲道：

> 　　右，臣今月二十二日准中书差人赍到敕牒一道，除臣集贤校理。闻命震怖，不知所以。伏念臣顷者再蒙圣恩召试，臣以先臣未葬，二妹当嫁，家贫口众，难住京师，乞且终满外任，比蒙矜允，获毕所图。而门衰祚薄，祖母二兄一嫂相继丧亡，奉养昏嫁葬送之窘，比于向时为甚。所以今兹才至阙下，即乞除一在外差遣，不愿就试。以臣疵贱，谬蒙拔擢，至于馆阁之选，岂非素愿所荣？然而不愿就试，正以旧制入馆则当供职一年，臣方甚贫，势不可处。此臣所以不敢避干紊朝廷之罪，而苟欲就其营养之私。不图朝廷不加考试，有此除授。臣若避犯命之罚，受而不能自列，则是臣前所乞，为以私养要君，而误陛下以无名加宠也。

据这封《辞集贤校理状》所述，王安石"祖母二兄一嫂相继丧亡"，家庭的不幸接踵而至。而朝廷不解安石之苦，不知安石之心，以为他就是高风谦退，居然不加考试就任命了馆职。这就把王安石推向了更为尴尬的境地，因为一旦就任馆职，至少要在职干上一年。这对王安石来说，确实十分为难，用他的话说，就是"臣方甚贫，势不可处"，所以他不得不再次提出辞任。

　　顾况慨叹的"长安百物贵，居大不易"，王安石屡屡在上言中讲的"难住京师"，就是残酷的现实。京师生活成本高昂，一般士人或普通官僚生活都很艰难清苦。宋初的王禹偁在一首《赠朱严》中这样描写道："未得科名鬓已衰，年年憔悴在京师。妻装秋卷停灯坐，儿趁朝餐乞米炊。尚对交朋赊酒饮，遍看卿相借驴骑。"后来，入官的王禹偁感谢皇帝外放他做地方官时说："分俸则桂玉不充，聚族则京师难住。""交朋赊酒饮""卿相借驴骑"，的确"京师难住"，何况是拖家带口，聚族而居。

　　"不图逊事之臣，更以臣为恬退"，王安石屡屡辞退美官，时人都以为他是恬然自守，其实按王安石所言，"谓之恬退，非臣本意"。时人误解犹可原之，而今人的研究，对包括王安石在内的古人一些行为则不能过度解读。既不必拔高，也不必贬抑。以前研究过南宋名臣崔与之。对他坚辞宰相一事，也有很多解读。其实在我看来，直接原因就是年老多病，让一个年近八十岁的老人从广州千里跋涉到临安，太难为他。有时原因很简单，"长安百物贵，居大不易"，就是如此。

"吃酒吃肉何曾梦"

最近，高薪能否养廉成为话题，《环球人物》杂志对作家二月河有篇专访。专访记述二月河说道："高薪不能养廉。宋代就是一个最好的例证。历史上，宋代的官员工资最高，官员收入是汉代的6倍、清代的10倍，但宋代是中国历史上最腐败的朝代。高薪养出了什么呢？养出了文恬武嬉！文官爱钱，武官怕死。工资高了嘛，谁都不愿意为国家吃点苦、干点事，更别说为国家捐躯了。最后把政治军事搞得一团糟。我看到过一个资料，包拯的收入折合人民币大约是650万元。650万元只养出一个清廉的包公，更多的是养出高俅、秦桧之徒，养出一帮逼着人们上梁山的贪官污吏。"

二月河这番关于宋代官僚工资的议论，微博引述后，网友展开了争论。有人说道："二月河《水浒》看多了。北宋差不多是中国历史上最不腐败的王朝。不过宋代高薪当可定论，仅比较历代官员合法工资即可知。我看到的质疑宋代高薪的文章给出的证据说服力不强，一是宋人哭穷是常态，司马光还说'吾本寒家'呢；二是士大夫多是大家庭，中下层官员负担重很正常。"

与现实无干，就史论史，对上述议论提及宋代官员工资的问题，我在微博上简单回应了一句说："宋代官员也只有京朝官的工资比较高，幕职州县官的工资很低。后者是宋代官员的大多数。"

我这样说，是我在研究宋元变革促因之一的士人流向多元化时，曾留意过宋代下层官员的工资问题。现将一篇文章的相关部分移录于下，以备知史论世。

清人赵翼倡言宋朝官员俸禄优厚，嗣后几成定说。其实，宋朝官员俸禄优厚需要具体分析。成为京官以后的官员，的确俸禄优厚，但位于庞大的官僚金字塔最底层的选人，自北宋以来，俸禄就很低，生活极为清苦。王安石所言"方今制禄，大抵皆薄"，正可成为清人赵翼的反论。作为论据，王安石在写下这句话的奏疏中还具体作了计算：

> 以守选、待除、守阙通之，盖六七年而后得三年之禄，计一月所得，乃实不能四五千，少者乃实不能及三四千而已。

虽厮养之给，不窘于此矣。而其养生、丧死、婚姻、葬送之事，皆当出于此。

最为典型的例子是范仲淹从选人到京官的境遇。范仲淹进士及第释褐，做选人广德司理参军三年，任满时，连回乡的盘缠都没有，"贫止一马"，不得不将作为交通工具的马卖掉，徒步回乡。但当他成为京官的大理寺丞时，据他自己讲，一年的俸禄已经相当于两千亩土地的收入了。

北宋后期，朝廷打算恢复赃吏杖脊朝堂之令，一个叫连南夫的官员上疏说：

> 选人七阶之俸，不越十千也。军兴，物价倍百。当先养其廉，稍增其俸，使足赡十口之家，然后复行赃吏旧制。

由此可见，到了北宋后期，七阶选人的最高俸禄也不超过十贯。在物价暴涨的状况下，选人的俸禄不足以养活十口之家。所以连南夫向朝廷提出增禄养廉的建议。朝廷听从这一建议，"增选人茶汤之给。"选人受连南夫上疏之惠，"天下称诵，以为长者。"

沈括的《梦溪笔谈》记载了这样一件事：

尝有一名公，初任县尉，有举人投书索米，戏为一诗答之曰："五贯九百五十俸，省钱请作足钱用。妻儿尚未厌糟糠，僮仆岂免遭饥冻。赎典赎解不曾休，吃酒吃肉何曾梦。为报江南痴秀才，更来渴索觅甚瓮。"熙宁中例增选人俸钱，不复有五贯九百俸者，此实养廉隅之本也。

接着沈括的记载，在《容斋随笔》中，洪迈又有后续的话题：

沈存中《笔谈》书国初时州县之小官俸入至薄，故有"五贯九百六十俸，省钱且作足钱用"之语。黄亚夫皇祐间自序其所为《伐檀集》云，历佐一府三州，皆为从事，逾十年，郡之政，巨细无不与，大抵止于簿书狱讼而已。其心之所存，可以效于君、补于国、资于民者，曾未有一事可以自见。然月廪于官，粟麦常两斛，钱常七千。问其所为，乃一常人皆可不勉而能，兹素餐昭昭矣。遂以"伐檀"名其集，且识其愧。予谓今之仕宦，虽主簿、尉，盖或七八倍于此，然常有不足之叹。若两斛、七千，只可禄一书吏小校耳。岂非风俗日趋于浮靡，人用日以汰，物价日以滋，致于不能赡足乎？

的确，从洪迈的记载看，南宋选人的俸禄已经较北宋时有了将近七八倍这样大幅度的提高。然而选人仍"常有不足之叹"。

洪迈分析，这主要有风俗浮靡、日用浪费、物价上涨三个因素，"致于不能赡足"。对于北宋时期即已"吃酒吃肉何曾梦"的贫寒选人来说，俸禄之所以"不能赡足"，物价上涨当是主要因素。杨万里讲述过南宋孝宗时期的状况：

> 士之贫者，扶老携幼，千里而就一官。禄既薄矣，而又州县之充足者，上官之见知者，则月有得焉。其或州县之匮乏者，上官之私怒而不悦者，有终岁而不得一金。且夫假贷以往也，而饥寒以居也，狼狈以归也，非大贤君子，谁能忍此？而曰尔无贪，吾有法。岂理也哉？

在南宋人写的一些选人的墓志铭中记录了不少选人生活清苦甚至是凄惨的事实。孙觌《鸿庆居士文集》卷三九《宋故教授卢公墓志铭》载：

> 择善以绍兴二年赐进士出身，授迪功郎、宣州宁国县主簿。丁母夫人强氏忧。忧除，调黄州录事参军。更滁州全椒、来安二县令，循左儒林郎，除随州州学教授。……家素贫，不殖赀产，屋庐庇风雨，藜羹粝饭，一饱之外，淡然自足。在黄州丧其配，贫窭不能归。……僦一弊舟，冒长江之险，载其柩以旋。次九江，舟败，几不免。践艰乘危，间关寸进，积数月乃得归祔舅姑之次。

在周必大《文忠集》卷六四《华文阁直学士赠金紫光禄大夫陈公居仁神道碑》还记载了这样一件事：

> 观察推官柳某死，贫不能归，乳姬挟二子，行丐于市。

一个是贫困的选人冒着生命危险，租破船归葬其妻，一个是选人死后乳母带着两个孩子沦为乞丐，无力归乡。

深居九重的皇帝也已经注意到了选人俸禄过低的事实："（绍兴三年）上曰：小官增俸，虽变旧法，亦所以权一时之宜。祖宗成宪，固当谨守，至于今昔，事有不同，则法有所不行，亦须变而通之。自元丰增选人俸至十千二百，当时物价甚贱，今饮食布帛之价，比宣和间犹不啻三倍，则选人何以自给？而责以廉节，难矣。"（《中兴小纪》卷一四）不过，皇帝的考虑并不是出于怜悯这些选人的生活，而是贫不足以养廉的政治问题。

魏晋以来，官分九品。宋代阶官已达37阶，俸禄皆有不同。一概而论，则会以偏概全，曲解历史。且不论历史之用如何，至少历史学家的责任，是要维护和讲述一个相对客观而接近真实的历史。

到任何之

　　在第三十六届日本宋代史研究会上，东京大学博士研究生梅村尚树所做的报告很有意思。

　　报告的题目"到任何之"，是我根据自己的理解与偏爱意译的。原题直译，当作"地方官的到任与学校：地方官到任后首先去哪里"。

　　别具只眼，梅村提出了这样的问题。就这一问题，梅村全面考察了从北宋到南宋的状况。梅村很下功夫，看会议上分发的资料，他将整个宋代官员的谒庙祝文几乎搜罗殆尽，在五页表格中罗列了近四百篇祝文的作者、出处、标题名。有时，做学问就是要下笨功夫，"竭泽而渔"。

梅村认为，在北宋中期以前，地方官到任只是拜谒当地灵验的寺庙。但从北宋中期以后，则逐渐开始演变为拜谒孔子庙。南宋绍兴十四年（1144）的一通诏书，进而将这一行为制度化、义务化。诏书见于《建炎以来系年要录》卷一五二所载："（绍兴十四年十月）庚子，诏州县文臣初至官，诣学祗谒先圣，乃许视事。"此后，这种行为也为元、明、清历代所继承。

这是一个有意义的课题，可以拂拭出埋藏于表象之下的历史轨迹，挖掘出相当深刻的内涵。前几天我刚刚读了谭景玉的《宋代乡村组织研究》，由于内容上的关联，使我一边听报告，一边产生了如下的联想。

州县，历来是中央集权制度下的权力终端。州县官作为一个王朝的中央政府代表，肩负的不仅仅是治理一方，还负有与地方沟通的责任。因此，州县官需要尊重和笼络地方人士。谒庙，便是一种亲民活动。正如报告者引用的北宋秦观《淮海集》卷三一《谒宣圣文》所云："郡守被命于朝，既至治所，则必告于境内明神，礼也。"

这种风俗从北宋中期转化为谒孔子庙，其背景则是从庆历新政后地方学校的兴建，特别是王安石变法中三舍法的实行，地方建学的普遍化。

　　首谒孔子庙，看上去只是一种教化行为，实际体现了中央对地方的控制，政治权力对地方文化的引导。不过，在北宋，这还是伴随着学校兴建官员的自主行为。降至南宋，以绍兴十四年诏书为标志，方形成制度化。

　　为什么是绍兴十四年？报告后，有人敏锐地提出了这一我也正在思考的问题。梅村显然还没有深入思考过，只是回答说，当时学校整备业已完成。在晚上的恳亲会后，找到机会，我跟梅村谈了我的思考。

　　当时学校整备业已完成，这只是停留于事实层面上的分析。至少，这一问题可以从以下几个方面加以探讨。

　　第一，北宋中期以来的习俗是这一制度形成的基础。

　　第二，拥有政治安定的背景。绍兴十四年，正值绍兴和议之后，南宋王朝作为一个政权，已经得到强敌金朝的承认。和议所带来的和平环境，让南宋政府有余力转向内政，特别是强化对地方这一赖以生存的基础的控制。绍兴十四年诏书的提议者罗长源，在另一篇上奏中就提及了这一背景，是为"朝廷通好息民"。

　　第三，政治意义的视角。和议签订，政治虽然安定了，但

"天有二日"的国际关系，也冲击着南宋王朝的正统地位。孔子是汉族的圣人，这种制度也是在广泛意义上宣示正统。

第四，时为秦桧专权的时代。在一定意义上可以说，秦桧专权显示了士大夫政治在中央的极致实现。而谒孔庙，则是在削弱军阀势力的过程中，士大夫政治全面再建的一环。

地方官到任首谒孔庙的习俗，为元、明、清所继承，还不仅仅是上述所云体现了中央对地方的控制，政治权力对地方文化的引导，这种习俗所折射出的更深远的意义则是，儒学超越了王朝，超越了民族，成为联系中央与地方，强化向心力的一种工具。历史上，不限于中国王朝的治域，汉字文化所覆盖的东亚，都程度不同地存在这种现象。

道学在南宋有多大的约束力

《鹤林玉露》乙编卷六《自警诗》条载：

胡澹庵十年贬海外，北归之日，饮于湘潭胡氏园，题诗云："君恩许归此一醉，傍有梨颊生微涡。"谓侍妓黎倩也。厥后朱文公见之，题绝句云："十年浮海一身轻，归对黎涡却有情。世上无如人欲险，几人到此误平生。"

记载之后，罗大经引经据典评论道：

余观《东坡志林》载张元忠之说曰：苏子卿啮雪啖毡，蹈背出血，可谓了死生之际矣，然不免与胡妇生子，而况洞房绮绣之下乎？乃知此事未易消除。文公之论澹庵，亦犹张元忠之论苏子卿也。近时刘叔友论刘、项曰：项王有吞岳渎意气，咸阳三月火，骸骨乱如麻，哭声惨怛天日，而眉容不敛，是铁作心肝者。然当垓下诀别之际，宝区血庙，了不经意，唯眷眷一妇人，悲歌怅饮，情不自禁。高帝非天人欤？能决意于太公、吕后，而不能决意于戚夫人。杯羹可分，则笑嫚自若。羽翼已成，则欷歔不止。

最后罗大经得出结论："乃知尤物移人，虽大智大勇不能免。由是言之，'世上无如人欲险'，信哉！"

明人何孟春的《余冬序录》也引述了这件轶事，并加以评论说：

> 胡澹庵海外北归，饮胡氏园，为侍姬黎倩作诗，殊累其为人。朱子《胡氏客馆观壁间》诗，自警云："十年湖海一身轻，归对黎涡却有情。世路无如人欲险，几人到此误平生。"为胡发也。贤者于此且借以自警，况在他人？吾闻老聃"不见可欲，使心不乱"。诗末句或作"男儿到此试平生"，春不其然，今定前语为是。善哉！鲁男子，吾所愿学者。

围绕着名臣胡铨的这段轶事，他同时代的同乡罗大经以及一百多年后的明人何孟春都作了上述的评论。观二人的评论，可以说都是道学家言，主张灭人欲。自南宋始，道学逐渐普及，讫至明代，已经完全定于一尊。因此如是这般的评论不难理解，这是带有时代烙印的评论。

胡铨是南宋初年有名的直臣，曾因反对同金议和，乞斩宰相秦桧，而被远贬多年，直到秦桧死去，才被重新起用。拿这样一个拥有崇高的道德形象的名人说事，无非是强调人欲险恶，应当远离。

那么，除了较胡铨稍后的罗大经有上述认识以外，同时代的其他人对胡铨的生活细节怎么看？这一问题的考察似乎有助于认识那个时代的道德观。

翻检《宋史·胡铨传》，除连篇累牍地引述胡铨慷慨激昂的奏疏外，几乎看不到一丝关于胡铨个人生活的记载，自然也就没有对其生活细节的评论。这种缺憾，让正史列传人物大多成为某种道德说教的枯燥标本，是后来的纪传体史书对司马迁《史记》的背离。抨击《史记》之后的正史，并不是我的主要意图，还是回到南宋的历史现场，看时人怎么看待胡铨的"人欲"。

在《省斋文稿》卷七，作为同乡朋友的周必大，有几首与胡铨的唱和诗。透过这些诗篇，很可以透视出一些史实与认识。

《胡邦衡端明用癸巳旧韵宠赐佳篇辄续貂为不一之贺》云：

闰六还同载诞辰，公壬午闰六月三日生，今七十七年，复闰六月。

寿川方至浩无津。

位虚左辖民瞻旧，

职视西枢睿眷新。贺端明也。

玉果又沾汤饼客，今年五月生子。

银环仍进雪肤人。新买妾。

风流富贵谁能并？

未害先生道德淳。

观诗并注，所透露的事实是，胡铨年届七十七，依然生子，依然纳妾。这与《鹤林玉露》所载胡铨平反归来迷恋侍姬黎倩的事实，可以相互印证。不仅如此，还有发展，又纳新妾。

在《再用邦衡韵赞其闲居之乐且致思归之意》一诗中，周必大写道：

遥知绿野朱颜好，

应笑红尘白发新。

午茗亲烹留上客，

夜棋酣战调佳人。

诗中的"应笑红尘白发新""夜棋酣战调佳人",无疑也是对胡铨"人欲"生活的描写。同样,在《胡邦衡惠淳字韵佳什回首十年间不知几往返矣虽岁月逾迈而格律益高降叹不足敬用赓和》一诗中的"百二山河行入手,三千风月莫迷人",也涉及胡铨的个人生活。在《省斋文稿》卷四,周必大还有一首《邦衡置酒出小鬟予以官柳名之闻邦衡近买婢名野梅故以为对》:"浊水难攀清路尘,偶曾先后掌丝纶。归来久侍茵凭旧,至后初逢梅柳新。湖水欹斜应有意,春光漏泄不无因。绛帷幸许天荒破,日日当为问道人。"卷五《又次邦衡族侄长彦司户韵》中,周必大还有"及时行乐君休厌"这样的流露。

然而,观周必大以上诸诗,与他的道学家朋友朱熹批判性的慨叹不同,周必大对胡铨的"人欲"则是充满了宽容的欣赏,甚至还说"风流富贵谁能并,未害先生道德淳"。就是说,在周必大看来,晚年的胡铨尽管风流奢侈,也并不妨碍他的道德淳厚。周必大在这里所讲的"道德",可以说是那个时代士大夫们的基本共识。而这种共识却不同于主张"灭人欲"的道学家眼中的道德。这是政治层面上的是非标准,亦即政治道德观,与人伦为主的社会道德观是两种完全不同的言说。

其实，律己颇严的周必大自己也纳妾。他在淳熙元年（1174）写给范成大的一封信中就说："某向在浙中得东壁生，既归又益一妓，颇能歌舞。"在《省斋文稿》卷四，收录有周必大写给胡铨的《顷创棋色之论邦衡深然之明日府中花会戏成二绝》，其一云："局势方迷棋有色，歌声不发酒无欢。明朝一彩定三赛，国手秋唇双牡丹。"在"双牡丹"之下，自注云："谓新妓李莹、李棠也。"其二云："醉红政不妨文饮，呼白从来要助欢。棋色应同三昧色，牡丹何似九秋丹。"棋酒歌舞，声色俱全。同卷还有《戊子岁除以栅代酒送邦衡邦衡有诗见戏仍送牛尾狸次韵》一诗，其中写道："必许寻花兼问柳，敢辞挈榼更提壶。"尽管"寻花问柳"是从杜甫诗"元戎小队出郊坰，问柳寻花到野亭"化来，但用于胡铨身上，未必就没有狎妓之意。

我曾通过范仲淹的《怀庆朔堂》诗，考察过宋代士大夫流连于歌姬酒宴的生活日常。（《庆朔堂前艳闻飞》，《关东学刊》2017年第1期）其实胡铨的"人欲"生活并非特例，而是比较突出地反映了宋代士大夫的生活日常。蓄姬纳妾，在宋代士大夫那里属于寻常小事，与道德大节无干。据周必大的《芸香葬记》，他本人也曾纳过十七岁的小妾。

透过胡铨这件个案，可以获得的启示是：第一，自南宋开始大兴的道学并没有对宋代士大夫的日常生活产生强有力的"灭人欲"的约束。在士大夫的层面尚且如此，那么普通民众的层面自然也不会有更多的波及。第二，从研究视角来看，切忌将今人的道德观强加于前人。对于耳熟能详的"一切历史都是当代史"这一命题，无论是明确认识也好，潜意识也罢，付诸研究，都会对历史的真实产生偏离，做出扭曲历史的评价。无论是政治的历史，还是思想的历史，具体考察皆应回到历史现场，置于特定的历史背景之下去评说。对宋人的道德观，正当如是观。

末了再讲几句题外话。研究历史人物时对史料的利用，除了正史之外，人们向来对行状、墓志、神道碑之类的石刻史料也颇为重视。这无疑是正确的。但须留意的是，这类史料往往是正史列传的采撷对象，亦即源史料。因此，个别事实或有多出，但对人物的虚美扬善和隐恶避讳也直接左右了正史的人物评价。我这样的认识，也是来自周必大对胡铨的评价。在《省斋文稿》卷三〇，就收录有周必大执笔的《资政殿学士赠通奉大夫胡忠简公神道碑》。细观神道碑通篇，对于胡铨上述的生活细节只字未曾着笔，记述的都是胡铨"高大上"的一面。胡铨这一史源个案，足以提醒我们，研究历史人物，除了面上的大路货史料，还应当下功夫去挖掘一些潜伏的史料，这样才能不被大路货史料所遮蔽，才会使历史人物的研究更为接近本来面目，揭示出具有逻辑力量的历史真实。